The House of Mitford

Jonathan Guinness and Catherine Guinness
Translated by Toshio Onishi

ミットフォードとギネス一族の御曹司

ジョナサン・ギネス、キャサリン・ギネス〈著〉
大西俊男〈訳〉

春風社

ミットフォードとギネス一族の御曹司　目次

写真１　A・B・ミットフォード
（第５代リーズデイル男爵の応接室の肖像画を訳者が撮影、1985 年）

写真２　男爵夫人
（訳者撮影、1985 年）

写真 3　キャサリン・ギネス
（訳者撮影、1985 年）

写真 4　ジョナサン・ギネス
（訳者撮影、1985 年）

訳者まえがき

本書はジョナサン・ギネスとキャサリン・ギネス、父と娘の親子二人の共著である *The House of Mitford*, 1984, Hutchinson & Co., Ltd. の第一部であるA・B・ミットフォードに関する部分の全訳である。

名前から想像されるようにジョナサン・ギネスは有名なギネス家の御曹司であり、第三代モイン男爵、銀行家で二〇二三年現在九十三歳（一九三〇年生）である。母親はA・B・ミットフォードの孫娘で当時ミットフォード・シスターズの一人として一番の美人で有名であったダイアナ・ミットフォードである。ジョナサンはA・B・ミットフォードの曾孫に当たる。ダイアナは一九三二年にジョナサンの父ブライアンと離婚し、英国ファシストのリーダーであったオズワルド・モズリーと再婚、二〇〇三年夏九十三歳でパリで没した。ジョナサンはイートン校とオックスフォード大学で修め、歴史学者でもある。若い頃はロイター通信社のジャーナリストを経験した。

キャサリン・ギネスはジ・オナラブル・キャサリン・イングリッド・ヘスケス（一九五二年生）で、二男三女の母親である。アメリカの月刊グラフ誌『インタヴュー』（*Interview*）創始者のアンディ・ウォーホルの補佐人を経験し、ジャーナリストや不動産会社の役員を務めた。娘のレディ・メアリー・オリヴィア・チャタリスは英国のファッション・モデルで音楽家である。

一九八五（昭和六十）年七月一日大阪発アンカレッジ経由ロンドン行きＪＡＬ便にてロンドン・ヒースロー空港に到着し、大英博物館に近いガワー・ストリート沿いに予約してあったホテルに向かい、翌日キングズ・ライブラリーの閲覧者カード作成後、昼食に立ち寄った食堂の隣の書店でジョナサン・ギネスの本訳書の原書を偶然見つけた。その内容には今回の研究目的のほとんどの分野についての記述があることを知った。出版されたばかりで渡英前にこの書物の存在を知らなかっただけに、その時全く不思議な感動を覚え、身震いをしながら、神仏の力による運命の引き合わせとしか表現のできない喜びに対して心から感謝した。グレシャム・ストリートにあった事務所に著者のジョナサンを訪ねたのは約二週間が過ぎてからであった。A・B・ミットフォードの邸宅のあったバッツフォード・パークの近くに住むジョナサンの娘のキャサリンに連絡してもらい、キャサリンの案内でその当時はダルバートン男爵の邸宅になっていたバッツフォードのチューダー様式の大邸宅の内部を案内いただくと共に男爵夫妻に面会し、大庭園、教会や墓地、丘陵地の東洋風の休憩所などを回った。翌日チェルトナム在住のキャサリンの大伯母、ダイアナの姉レディ・パメラ・ジャクソン（1907-1994）当時七十八歳の自宅をキャサリンの案内で訪問した。

その後、第五代リーズデイル男爵クレメント・ネイピア・バートラム・ミットフォード（1932-1991）の一家をセント・マークス・スクエア邸宅に訪問した。卿は当時米国チェース・マンハッタン銀行の副頭取で欧州・中近東地区総支配人であった。その卿の紹介で、A・B・ミットフォードの四女レディ・デナム・ボイヤー（1895-1996）当時九十歳をバーカムステッドの特別老人施設に訪問した。

当時のキングズ・ライブラリーは大英博物館に併設されていて、書架が一、二階の壁面全面に造られている大型の円形閲覧室であった。開館時間が長くありがたかった。また、コリンデールの新聞図書館、ウィンブルドンの外交史料館、グロスタシャー公文書館など、短期間ではあったがそれぞれ何度か利用し、特にグロスタシャー公文書館ではリーズデイル関係資料のマイクロフィルム二巻を帰国後送付してもらった。

元駐日英国大使のヒュー・コータッチー卿にロンドン・ウッド・ストリートにあったヒル・サミュエル会社の六階の一室で面会できたのも日本国内では全く考えられないことであり、ミットフォードの研究者であることでの日本大使館の特別のご配慮に感謝したい。

また、キャサリンの前夫で征服王ウィリアムの末裔、ジェイムズ・ドナルド・チャタリス・ニードパス伯爵の叔父でイートン・カレッジの寮長（次期校長）チャタリス・オブ・アミスフィールド伯爵の自宅が、当時宿泊していたスタンウェイ・ハウスの近くであったので、訪問させてもらった。

加えてケンブリッジ大学卒で、大阪大学文学部の外国人教師であり研究社のニュー・カレッジ英和辞典の編集委員であったステファン・ボイド氏にキングズ・ライブラリーのメイン・エントランスで面会した。

航空史上最悪の事故、日航ジャンボ機墜落事故で五百二十名の犠牲者が生じたが、一九八五年八月十四日付の英紙タイムズの第一面に奇跡的に救助された少女の写真と、同第三十面にはヘリコプターで救助されている写真が掲載された。大変驚くと共に無事であることを祈ったのをまるで昨日の出来事のように憶えている。その当時世界各地で航空機事故が続発していたので、半月後の安全な帰国を心配していた。

永年に亘り辛抱強く励まし続けてくれた元・春風社営業部長の石橋幸子さん、英国の出版社との交渉を含め、丁寧な編集をしてくれた編集部の横山奈央さんに心からお礼を申したい。

最後に二回の大手術を経験し、卒寿を目前にしている身を色々と気遣ってくれた家族に改めて感謝したい。

令和五年八月

伊勢市　大西俊男

原著者について

A・B・ミットフォードの曾祖父ウィリアム・ミットフォード（William Mitford, 1744-1820）は『ギリシャ史』（*The History of Greece*, 1784-1810）を著した歴史学者であり、法学院の勅選弁護士、法廷弁護士のほか、約二十年間下院議員を務めた。ウィリアムの弟ジョン・ミットフォード（John Mitford, 1748-1830）は有名な弁護士で、長年国会議員を務め、司法長官や下院議長などを歴任し、第一期のリーズデイル男爵家を創設し、またアイルランド大法官にも就任した。ジョンの息子ジョン・トーマス・フリーマン・ミットフォード（John Thomas Freeman Mitford, 1805-1886）も有名な弁護士で、長年国会議員および上院副議長や各種委員会の議長を務め、一八七七年には伯爵に任じられたが、生涯独身であったため、八十一歳（一八八六年）での彼の死去に伴い、爵位も消滅した。彼のバッツフォードの領地と遺産はA・B・ミットフォードに遺贈された。

祖父のキャプテン・ヘンリー・ミットフォード・オブ・エクスベリー（Captain Henry Mitford of Exbury, 1769-1803）はウィリアムの長男で、英国海軍の軍人であった。軍艦ヨーク号の艦長としての処女航海に際し、濃霧の北海に向かい、途中で沈没し、一八〇三年に三十四歳の若さで乗組員と運命を共にした。

キャプテン・ヘンリーは一七九六年、ルイーザ（1779-1801）と結婚し、三人の子ども、フランセス（1797-1868）、ルイーザ（1798-1826）、ウィリアム（1800-1801）がいたが、妻のルイーザが一八〇一年に死去したために、二年後、一八〇三年一月にメアリー（1785-1860）と再婚した。そしてメアリーは翌一八〇四年、夫キャプテン・ヘンリーが濃霧の北海で死去した後に、彼の子ども、ヘンリー・レヴェリー・ミットフォード（1804-1883）を産んだ。この子が、A・B・ミットフォードの父親である。

夫キャプテン・ヘンリーの死から五年後、メアリーはまだ二十四歳であったので、一八〇九年ファーラー・グローヴ・スパージョン（1783-1826）と再婚した。三人の子どもに恵まれたが、その再婚相手のファーラーが一八二六年に死去した。A・B・ミットフォードの父ヘンリーがジョージアナと離婚して、英国を離れ、ドイツに渡った一八四〇年頃には、メアリーの三人の子どもはいずれも二十二歳以上になっていた。メアリー自身もすでに五十五歳になっていた。

A・B・ミットフォードの父ヘンリー・レヴェリー・ミットフォード（1804-1883）は一八二八年にジョージアナ・アッシュバーナム（1808-1882）と結婚した。パーシー（1833-1884）、ヘンリー（1833-1910）、A・B・ミットフォード（1837-1916）の三人の子どもがあったが、一八四〇年協議離婚をした。その後、ヘンリーは経済的理由から英国を離れて、フランクフルトに渡り、二年後にパリやトルーヴィルに住居を変えた。一八四二年頃パリから漁村トルーヴィルに向かう一行のメンバーは、『回想録』（A. B. Mitford, *Memories*, 1915）によると、父親、当時五十七歳の祖母のメアリー、二人の伯母、九歳の双生児の兄二人、当時五歳のA・B・ミットフォード、彼の乳母、ドイツ人の家庭教師、メイド、料理人、父親の従者と大人数であった。その上、後に祖母が現地で雇った二人の給仕も加わっていた。英国を離れる時はA・B・ミットフォードはまだ三歳であったので、乳母が一緒であったのは不思議ではないが、すでに三十三年前になるが、ファーラーと再婚したはずの祖母のメアリーが一緒であったのは、メアリーの夫ファーラーが一八二六年に亡くなっていたのと、何か他に特別の理由があったのだろうか。

父ヘンリーは一時、英国外交部門の一員としてイタリアのフローレンスに勤務したことがあるが、弁護士であり、治安判事を長く務めていた。父方の祖先は地主階級（ジェントリー）で、ノーサンバーランドのミットフォード城を所有していた。

A・B・ミットフォードは一八四六年九歳の時、単身英国に戻り、イートン校に入学した。父ヘンリーの昔のイートン校時代の恩師が校長になっていたので、彼に預けられることになった。その後、一八五五年オックスフォード大学クライスト・チャーチに入学した。

一八五八年にA・B・ミットフォードは外務省に入省し、しばらくアフリカ局奴隷売買部門やフランス局などで公文書を写す職務に従事していたが、一八六〇年、サンクトペテルブルク英国大使館の三等書記官に任命された。

一八六五年に北京公使館勤務になり、四月二十三日香港に到着した。一八六六年九月末まで北京で仕事をし、当時横浜にあった英国公使館二等書記官に転勤の辞令を受け、一八六六年十月十六日（慶応二年）横浜に到着した。十一月末に横浜の大火によって居留地の宿舎から焼け出され、江戸高輪の公使館敷地内の家が与えられた。

一八六七年二月、書記官アーネスト・サトウと共に大坂に向かい、将軍との謁見準備に当たった。四月二十九日、英国公使ハリー・パークス（Harry S. Parkes, 1825-1885）は徳川慶喜との非公式会見を行い、正式な謁見は五月二日に行われた。ミットフォードは、この時に明治維新で活躍する日本人と面識を得ることができた。八月にパークスやサトウらと共に阿波藩主蜂須賀斉裕を訪問した。十一月末には兵庫開港の準備のため、サトウと共に大坂に向かい、パークスも遅れて参加し、兵庫開港は無事に実現した。十二月中旬、後藤象二郎と議会制度について話し合い、伊藤俊輔、西郷吉之介と会見した。

一八六八年早々、慶喜は京都を離れ、大坂城に入った。八日にはパークスはミットフォードとサトウを伴って慶喜と会見した。一月二十八日に鳥羽・伏見の戦いが勃発し、幕府軍は敗北したため、慶喜は大坂城を脱出する。三月、滝善三郎の切腹の場で英国側の立会人を務める。西郷吉之介、大久保利通、勝海舟と会談し、パークスと天皇謁見途上京都市内で暴漢に襲撃されたが、数日後に謁見は実現した。また、伊予守小松帯刀を訪問した。五月には中井弘蔵と会談し、木戸孝允と大坂で会談した。六月に勝海舟と大坂で会談し、八月には横浜で後藤象二郎と会談した。

一八六八年九月、江戸は東京となる。この頃、頻繁に木戸と東京で会談（十二月二回、一月、二月、三月各一回）し、十月になってからも何回も会談を重ねていた。詳しい内容は分からないが、議会制度に関することではないかと思える。年末に体調を悪くして、急遽英国に向けて横浜を離れた。

日本での任務を終えてロンドンに帰ってから出版した『日本昔話』（A. B. Mitford, *Tales of old Japan*, 1871）は、英語で日本紹介をした初期の書物で、「古典」と呼ばれていた。また、ロバート・ルイス・スティーヴンソン（1850-1894）は、その内容は飾らない誠実な文体で書かれており、当然時の試練に耐えうるものであると称賛し、自身に影響を与えている書物の一冊であると言っている。同書初版の出版直後、ロンドンの同じ町内に住んでいたトマス・カーライル（1795-1881）も、同書の出来具合を褒めている。アメリカ第二十代大統領ルーズヴェルト（1858-1919）は、同書に記されている忠臣蔵や武士道の話に大変感心したと伝えられている。同書は現在もタトル版として復刻出版されている。短い抄訳であるが、独訳書や仏訳書も出版されていて、日本の国立国会図書館に所蔵されている。

日本から帰国した一八七〇年の夏、以前から親しくしていた皇太子エドワード（後の国王エドワード七世 1841-1910）に誘われて、スコットランドのアバジェルディー城に行き、約一か月間滞在し、ヴィクトリア女王と食事を共にしたこともあった。その後、ネス湖の近くのアクナキャリーやダンロビンなどを訪れた。一八七一年ダマスカスの英国領事であったリチャード・バートン（1821-1890）を訪ね、彼と一緒にヨルダン、エルサレム、ナザレスなどを訪れた。一八七三年アメリカに渡り、ニューヨーク、セントルイス、カンザスシティ、デンバー、コロラドなどを訪ね、見聞と経験を豊かにした。さらにモルモン教の聖地ソルトレイクシティを訪ね、最高指導者ブリガム・ヤング師（1801-1877）やその他の指導者たちとも会った。

一八七四年五月ディズレイリ首相（Benjamin Disraeli, 1804-81）から建設省長官就任の要請をうけ、一八七四年から一八八六年までの十二年間の役人生活に入った。A・B・ミットフォードによって改修や改造が行われた主な建造物や公園は、ウィンザー城、ロンドン塔、キュー植物園、ハイド・パーク、セント・ジェイムズ・パークなどのほか、ロンドン市内西部を南北に結ぶ地下鉄工事も行った。新婚生活を過ごした地区が有名な画家や文人たちの多くが集まっていた地区であったので、自然と彼らの多くと交流をしていた。例えば、オスカー・ワイルド（Oscar Wilde アイルランド詩人、劇作家 1854-1900）、トーマス・カーライル（Thomas Carlyle イギリスの歴史家、評論家 1795-1881）、フレデリック・レイトン（Frederic Leighton イギリスの画家、彫刻家 1830-1896）、ヨーゼフ・ヨアヒム（Joseph Joachim ドイツのヴァイオリン奏者、作曲家、指揮者 1831-1907）、ダンテ・ガブリエル・ロゼッティ（Dante Gabriel Rosseti イギリスの詩人、画家 1828-1882）といった幅広い人たちとの交流があった。この事実は晩年に至るまで、ロンドン中心部のいくつかの有名美術館の管理責任者を続けていたことと関連があるだろう。

また、良質の大型で強力な荷馬車馬の飼育に力を入れ、ついにはロンドンの馬車馬協会の会長に選出された。さらに一九〇三年、ベルギーの王立農業園芸協会の記念展示会では名誉会長を務めた。

一九〇二年六十五歳の時、男爵（Baron Redesdale of Redesdale in Northumberland）に叙せられ、上院に議席

が与えられた。議事録に残されている発言は七つの法案に対してであるが、英国人名録（DNB）には「極東に関する問題に関して時々効果的な発言をした」と記されている。

一九〇六年コンノート殿下のガーターミッションの首席随員を務め、四十年ぶりに日本を訪れ各地を回り、近代国家として立派になった姿に感動したという。英国王室や政府の内部事情にも通じており、その後の日英交流に果たした役割は大きい。この時の功績により、明治政府より勲一等旭日大綬章が贈られている。

A・B・ミットフォードには後に「ミットフォード・シスターズ」の愛称で呼ばれて大変話題となった孫たちがあった。ファシストと結婚したり、反対に共産主義者と結婚したり、有名な小説家になりベストセラーを何冊も発表したり、一時経済的に苦境にあったところを抜け出し英国屈指の大富豪の一人となったりした孫娘たちがあった。

長女ナンシー（Nancy Mitford, 1904-1973）はベストセラー小説を何冊も出版した有名な小説家となり、次女のパメラ（Pamela Mitford, 1907-1994）は幼児の頃の病気の後遺症が残っていたが、物理学者と結婚し、平凡な主婦となり、老後は旅行を楽しんだ。三女ダイアナ（Diana Mitford, 1910-2003）は絶世の美女で、ギネス一族の御曹司と結婚したが、数年後に離婚し、英国ファシスト・リーダーであったオズワルド・モズリー（Sir Oswald Ernald Mosley, 1896-1980）と再婚し、戦争中は投獄されていた。二〇〇三年九十三歳で没した。四女ユニティ（Unity Mitford, 1914-1948）はアドルフ・ヒトラー（Adolf Hitler, 1889-1945）

の愛人となり、第二次世界大戦突入が決定的になった時、拳銃で自殺未遂事件を起こしたが、密かに英国に帰国し、数年後に両親の家で没した。五女ジェシカ（Jessica Mitford, 1917-1996）は共産主義者であったチャーチルの甥エズモンド・ロミリー（Esmond Romilly, 1918-1941）と駆け落ちをしてアメリカに渡り、英国には戻らなかった。晩年数冊の小説を発表した。六女デボラ（Deborah Mitford, 1920-2014）は幼い頃からの夢の通りに貴族（デヴォンシャー公爵夫人 Duchess of Devonshire）となり、一時経済的に厳しくなっていたところ、知恵と才覚により企業を起こし、一家を完全に立ち直らせ、英国屈指の姿に作り上げた。二〇一四年（平成二十六）九月二十四日、九十四歳で没した。葬儀には生前から長く親交のあったチャールズ皇太子やカミラ夫人も参列した。いずれも全く波乱に富んだ人生を送った孫娘たちであった。

序文

第二代リーズデイル男爵、デイヴィッド・フリーマン・ミットフォードには彼の妻ボウルズ・シドニー（旧姓）との間に七人の子どもがあった。子どもたちの名前はナンシー、パメラ、トマス、ダイアナ、ユニティ、ジェシカ、デボラであった。この書物の中で彼らのことをどの名前で呼べばよいか迷っている。七人に対してや両親に対してのニックネームは無数にあるからだ。次にそれらのニックネームのいくつかについて説明したい。私たちが使っている名前はイタリック体〔訳文では太字――訳注〕で示した。

初代リーズデイル卿、アルジャーノン・バートラム・ミットフォード（1837-1916）はいつも**バーティ**と呼ばれていて、発音もバーティが実際に使われていたように思う。

トマス・ギブソン・ボウルズ（1841-1921）は大人になってからは通常ギブソンと呼ばれていたが、新聞とか漫画家たちにはトミーと呼ばれていた。子どもたちはタップと呼んでいた。少しためらいもあるが、正式の名前が最高だと思う。

第二代リーズデイル卿（1878-1958）の**デイヴィッド**・バートラム・オグルヴィ・ミットフォードは普通ファースト・ネームで呼ばれていた。兄弟姉妹たちの間では「老い猿」と呼んでいた。子どもたちの間ではファーブとか、フォーギー、フォーガリー、ＴＰＯＭ（哀れな老人）とか老チャップ、チャップレインと呼はれていた。

後のリーズデイル夫人である**シドニー**・ボウルズ（1880-1963）はファースト・ネームで呼ばれていた。子どもたちはシドニーのことをマブとかシッド伯母さん、ＴＰＯＦ（憐れな老婆）とかフェムと呼んでいた。

ナンシー（1904-1973）は小さい頃両親にはココ、時には父親に丸鼻っ子と呼ばれていた。パム、トム、ダイアナたちはナンシーのことをナウンス（リング）、デッカはナンシーのことをスーザン、デボーと他の者たちはナンシーをナッチ、デボーの子どもたちはナッチ伯母さん、後年にはデボーはナンシーをフランスの老貴婦人とかフランスの女作家と呼んでいた。キャサリンはナンシーのことをタコのウソと命名した。

パメラ（1907-1994）は**パム**と短縮形で呼ばれた。しかし他の姉妹はごく普通に「ご婦人」、時にはウームズやウームリングと呼んでいた。

トマス（1909-1945）はほとんどいつも**トム**あるいはタッドと呼ばれていた。

ダイアナ（1910-2003）はデイヴィッドにはディナで、シドニーにはダーナであった。ナンシーはダイアナのことを頭が大きいのでボドレーと呼んでいた。パムはダイアナのことをナード（ナーディ）

と呼んでいた。トムやユニティも同じように呼んでいた。デッカに対してはダイアナはコード（コーデュロイ）、デーボ、他の子どもたちにはホンクス、あるいはホンクス叔母さんと呼ばれていた。

ユニティ・ヴァルキリー（1914-1948）は小さい時両親からはベイビーと呼ばれていた。また、ボビー、さらにはボボと呼ばれた。ボボは家族や友達から一番普通に使われる渾名になった。ユニティはジョナサンやデズモンドにはボボ叔母さんと呼ばれていた。この本の中では一貫してボボが用いられている。しかしどこででも使われていたわけではない。ヒトラーはユニティと呼び、デッカはユニティのことを（ザ・）ボウドと呼び、ボウドと綴っていたナンシーを含めて他にも何人かがこの名前を使っていた。この呼び方はバーディになり、しばしばダイアナやデボも用いていた。一九三〇年代のある間、ユニティはウィリアムとして知られていた。

ジェシカ・ルーシー（1917-1996）は**デッカ**と呼ばれた。シドニーは彼女を「小さなD」、ナンシーは彼女をスーザン、ユニティには彼女は（ザ・）ボウド、そしてデボにはヘンダソンと呼ばれた。

デボラ・ヴィヴィアン（1920-）は**デボ**と短縮形で呼ばれた。シドニーは彼女をスタビーと呼んだ。彼女は十代のしばらくの間スワインとして知られていた。後にナンシーは彼女をミス、ナイン、あるいは「九歳児」と呼ぶのが習慣となった。これは彼女の精神年齢に関連していると思われる。デッカは彼女をヘンダーソンと呼んでいた。

彼女たちが若かった頃はいつも大笑いをしているか泣き叫んでいるかであった、とある人は述べていた。ナンシーは一番年長であったので、冗談を言ったり、苛め合いをしたりするのも共に先頭に立ってやっていた。自分たちの生活の様子を最初に小説の題材に取り入れたのは彼女であった。有名なのは『愛の追跡』（*The Pursuit of Love*）である。しかしナンシーの文学上での成功は一九四五年に始まったばかりであった。それより数年前に三人の妹たちは、彼女の小説では漠然としか触れられていないが既に有名になっていた。ダイアナはファシストの指導者オズワルド・モズリー卿の支援者となり、一九三六年ベルリンで彼と結婚し、ヨーゼフ・ゲッベルス博士の家で結婚披露宴をした。

ユニティは、始めはダイアナの伝でドイツに行きヒトラーと知り合いになった。その後ヒトラーの悪名高き支持者となったが、一九三九年世界大戦勃発に際して拳銃で頭部を撃ち自殺を図った。しかし脳に障害の残る重病人となり一九四八年まで生き延びた。デッカは全く反対に共産主義の共鳴者となり、スペインの市民戦争に参加したことのある、同じような思想の持ち主の従兄と一九三七年に駆け落ちをした。デッカは今では著名な左翼系のジャーナリストとなり小説家である。

その頃にはナンシーの小説の中に見られるようなことがミットフォード家の人たちにはたくさんあったが、文字にされることは免れえない。ジェシカは二冊の自叙伝を書いている。『貴族と反逆者』（*Hons and Rebels*）と『酷い昔の闘争』（*A Fine Old Conflict*）である。ダイアナはごく最近『著しい相違のある人生』（*A Life of Contrasts*）を出版した。ユニティの一生はデイヴィッド・プライス＝ジョーンズの研究の対象であった。ハロルド・アクトン卿はナンシーの「回想録」を書いたが、彼女の全生涯についてはサリーナ・ヘイスティングズが執筆した。テレビでは、彼女の二冊の小説に基づいて作成された番組で、ナンシーの回想録の番組と、大部分をプライス＝ジョーンズの書物に基づいて作成しドラマ化された「ユニティの一生」の番組があった。さらに音楽劇「ミットフォード・ガールズ」がある。これは七人の生存者の中の六十歳代、七十歳代になっても若々しい四人の淑女全員について、同じ時期ではないが、少し困惑させるような場面も観察される作品であった。経営者側は出演者四人全員に「私は本当にミットフォード・ガールです」と宣言するバッジを配布した。

このことはミットフォード家の人々について「さらに別の」本として何か書かれることについて必ず説明があることを予測しているのかもしれないが、今までに書かれている内容はほとんどがフィクションであるか政治的なものばかりである。ナンシーの小説はフィクションであり、しかも娯楽的なフィクションである。ドイツ人が衝突とか論争と呼んでいるものと、ナンシーの妹たちの信条や活動の真剣さとを関連づけることは、ナンシーの作品を台無しにしてしまうことになる。実際にまさに激しい勿体ぶったドイツ語的な表現だったら、ナンシーの狂気じみた嘲笑的な言動、あるいは忍びがたいとても個人的な恐怖心を起こさせていたかもしれない。だから彼女の家族についての見解にはこのような表現を避けている。一方、ナンシーの政治的に活動的な姉妹たちのことや彼女たちに関することの説明はある。デッカにしても、ダイアナにしても、ましてやデイヴィッド・プライス=ジョーンズは論争を避ける人たちではない。確かにデッカもダイアナもあまりにも過酷にならない人たちと交わることの首尾よくできる人であったが、このことは執筆するという彼女たちの主要目的を変えることはない。その目標は、マルクスが彼の作品について言っているように世の中を分析することでなく、世の中を変えること、少なくとも世の中についての考え方を変えることで、これはマルクスが心の底で意図していることであった。言うなれば、彼女たちの著作は大部分が要点を証明したり、主要な方向を指し示すように考えられていた。

ナンシーの小説の中での家族の人物像は半分は本当の姿であるが、ナンシーの漫画的なことに対する才能や、ナンシーのユーモア的発想の目的に適合するように工夫されていた。しかし何かこれに似た考え方が、デッカの全く異なった目的にも適合している。デッカの左翼的な放浪の推移は彼女の家族にとっては言わば「破壊の都市」のような姿を現わしている。その家庭は一般には知らせない後悔を感ずるような家庭で、不賛成の気持ちを言いたくなる家庭であった。ダイアナはこのイメージを正し、補正するために多少のことはしたが、ダイアナの主な目的は彼女自身や彼女の夫についての一般的な政治的非難に対処することであった。デイヴィッド・プライス＝ジョーンズは、ユニティ自身や彼女の家族のことをあまりに敵対的すぎて内面をよく見ない立場から意見を述べている。

だからその話はせいぜい気まぐれで不充分なものであり、普通には誰か特別な他の人物に関する話に思えてくる。しかしはっきり言えば一体そんな話があるだろうか？　これは全く疑問である。名前の知れ渡っている人物が複数いる家族があるという事実から、それらの人々を全部ひとまとめにして話をすることには特別な意味があるとは思わない。全体をまとめた話は個々の話を積み重ねた場合より内容が多くなることもありうるが、同時に簡単にはそのようにならない。ミットフォード家の場合はこれに当てはまるが、一つのことはそれ自体を個々に扱われる方が価値がある場合があると信じている。

このことを理解するには、七人の話の二世代前に遡って考察するのが役立つ。なぜならば、ミットフォード家の人々はナンシーの小説で暗示されているが、ある奥地出身の貴族と態度がはっきりしない妻との間で、予期もしない、多様な人物が生まれてきたのではなかった。デイヴィッド・リーズデイルは実際は下級貴族の息子であった。そしてシドニーは別の下級貴族の娘であった。色々な面でバートランド・ミットフォードやトマス・ボウルズの気質が彼らの子孫たちに再び表れていた。彼らが生きていた時代は異なっていた。ミットフォードやボウルズは共に、若い頃はヴィクトリア女王の時代で、老いてからはエドワード七世の時代であった。彼らが成人として活躍している頃は教育を受け、感受性が鋭い英国人たちは概ね万事現状のままに満足し、愛国的行為や国家主義的誇りに疑問を抱くこともなく生活することが可能であり、単にそれが慣習だった時代であった。これは社会的な良心を排除するものではなく、この考え方は少なくともボウルズの場合は強かった。しかし今ではあまり受け入れられないタイプであり、必要な改良が現在の社会内部で可能であることが知られていることを示している。彼らの孫たちの時代には、この疑うこともしないで受け入れることはなくなっていた。緩やかな変化がやってきた。

戦争が愛国心を信頼できないものとし、不況が社会制度に疑問を抱かせるようにしたと考えたかもしれない。しかし、おそらくこのように大きな出来事でも、その変化を特別な出来事に結びつけることはあまりにも軽率である。いずれにしても変化は起こった、しかも社会を圧倒することもありうる雰囲気や風潮の中での奇妙な転換の一つが起こった。その変化は一九二〇年代に七人のミットフォード家の人々が成長している頃に始まった。青年期後半に入っていたダイアナの好みの作家たちは、彼女の言葉によればリットン・ストレイチー、バートランド・ラッセル、オルダス・ハクスリー、J・B・S・ホールデンであった。「私は彼らの機知と無礼な言動と彼らの広く受け入れられているスタンダードを否定する態度が好きなのだ」（イタリック体は原文〔訳文では傍点〕）。ここで重要なのは、ただそれらが受け入れられているという理由でスタンダードに異議を唱えたい願望である。これは知識のある若者にとって避けられない特質と考えている。しかし常にそうであるとは限らない。ダイアナの祖父たちが同じ年代の頃には、自分の好きな作家たちに対してこのような言い方はしなかっただろう。もちろんミットフォードと同年代で同じ階級の大抵の人々やミットフォードを含め、すべての人々もそんなことはしなかっただろう。ミットフォード家についての大きな関心は、七人の兄弟姉妹たちを彼らの祖父たちと比較して、安全な時代を過ごした特殊な才能や傾向のある人々を眺め、初期の進路を迷わせる時代に生きる子孫たちのことを考えることであった。

だから私たちはバーティ・ミットフォードとトマス・ボウルズからこの書物を始めたいと思っている。バーティは歴史感覚と貴族についての意識があり、『日本昔話』（*Tale of Old Japan*）を書くことを可能にした学者としての素質や鋭い好奇心を持っていた。またボウルズは雑誌『ヴァニティ・フェア』（*Vanity Fair*）の発行者であり、探究精神があり、どんなことでも自らを中心に考えないと気が済まない性質であり、他人をからかうことに心身を委ねていた。他人をからかうことはミットフォード家の人々も習慣になっていて、子どもの時から始まり、一生続いていた。それは大家族のために放任主義で、揉まれたためだと言う人もいる。大家族のすべてがこのようになるわけではないが、ミットフォード家はトマス・ボウルズの子孫であった。バーティ・ミットフォードはからかいで有名なスタンレー家につながる一家の娘と結婚していた。

ある作品はこの話をありのままに述べているが、ある意味で間違いであった。ナンシーについてのジュリアン・ジェブのテレビ番組は、ナンシー自身だけでなく生存している彼女のすべての姉妹たちの画面もある素晴らしい作品であった。その作品はメインテーマの周辺も描く設定であったが、そのアングルは主にナンシーに向けられていた。しかし、ダイアナとデッカとの政治的な議論は準備段階から激論が噴出していた。二人が意見を合わさないのならば、ある一つの問題は含めるべきだと最初にデッカが主張し、それに応じてダイアナも主張した。両者についてのこの話題はナンシー自身にはほとんど関係はなかったが、結論は演出者が本当に意図していた以上に一般的な話になっていた。この話題は勝手に動き出し、まるでピランデッロの『著者を探している六人の登場人物』(*Six Characters in Search of an Author*)のようであった。

なぜならばミットフォード家の人々は格別で、テレビ番組「ミットフォード・ガールズ」を見ただけの人にとっては予期しないものであったかもしれず、それゆえに彼女たちのことを派手で社交好きな人々と思っている。この見方は漫画的であり、ナンシーやデッカの小説に現れるある文章に婉曲的に関連しており、『貴族と反逆者』は言うまでもなく、『愛の追跡』でもその影響は詳しく読めば隠すことはできない。この作品はミュージカルの先駆けである。それはおそらくジャーナリズムの特別の分野としてのゴシップ欄がフリート・ストリートの一つの分野の起源になっているかもしれない。ゴシップ欄の内外で人々が固唾を飲んだり、恩着せがましく感じたりする特別の組み合わせのジャーナリズムに相応しい材料を提供している。

実はそれは、真実とは全く反対である。派手で社交好きな人々はパーティや娯楽や面白半分なことをして過ごしている。誰もこのような生活がミットフォード家の人々の生活だと言うことはできない。ミットフォード家の人々は個人的な生活でもとても堅実であったし、性格も真面目であった。もちろん年老いてからも一層真面目であった。派手で社交好きな生き方には様々な形があり、ユニティはヒトラーの親衛隊であった。後の世のミック・ジャガーに金切り声を上げて騒いでいる人々と同じであった。プライス＝ジョーンズの本の書評者の中には、ジョン・モーティマーのテレビ劇でユニティの役を演じたレスリー＝アン・ダウンに対して同様の意見をした人もいた。その意見は検討に耐えられない。

派手で社交好きな見方は、ミットフォード家の人々の真面目な面を無視する論調を追い払うのに役立つが、それはせいぜい散文家を立ち去らせるか、独断的に言わせておくのに役立つだろう。もしより優雅な方法があるならば、ナンシーが金切り声で叫んだり、饒舌になったりするのも一つの忌避法になるだろう。ミットフォード家の人々を真面目だと思っている人は、必ずしも常に彼らを大変好んでいるわけではない。ある人は彼女たちの自己過信の厚かましさや、公衆の前での懺悔を避けていることを認めることは特に難しいと思っている。これは両方の祖父たち、特にボウルズには明らかである。これは彼らが領地を所有する紳士階級に属していることに関係がある。次代を担う人々の中の発言力のある階級に見られる文学的・社会的な風潮は、今では紳士階級に対しても敵意を持っていた。だから反ミットフォードの感情が余分な辛辣さを持ち、特にミットフォード反対者として、デッカさえも自分の生い立ちを少しも恥じることがなかった。ナンシーについては、彼女は自分たちの出生をはっきりと見せびらかし、上流階級であるとか上流階級に相応しくないとかいう激しい議論をすることによって、多くの人々を自意識過剰の状態にしていた。それは一つには国内に広がった虐めの行為で、発言力のある階級の人々が領地を持つという領主階級は、範囲を限定された役割しか認められないと定めたのだ。そして例えば、ウッドハウスの描くバーティ・ウースターといった有閑階級のような生き方をする「バカ」のような扱いをされることに仕返しをした。これは世間に対処するのに役立つ、ミットフォード家に以前から伝わる知恵を正しく評価するのを妨げていた。ミットフォード家の人々は皆、金切り声で叫んだり、言葉のほとばしりや脅迫的ではっきりした言葉を使ったりしているが、それは装っているだけで、大変控えめで心からの親切心の持ち主たちである。それはすべてのことを必ずしもというわけではないが、ジョークを言ったり一つの話に作り上げたりする才能と結びついている。これはナンシーが最初であるが、他の姉妹たちも等しく才能を活かして今日まで実行している。また、言葉作りの才能も役に立っている。ミットフォードについてよく用いられる「金切り声とほとばしり」の表現と、一般的な表現の「喜びと悲しみ」とを比べてみよう。「金切り声とほとばしり」という表現とは、「金切り声」は前文であり、「ほとばしり」は本当に滑稽なことが起こることを意味している。実際にその渦中にいる時は、災難に遭っているようなものである。「喜びと悲しみ」の場合は、喜びに少し憂鬱なことも含まれている感じがある。ミットフォード家の人々を、振りをしているあるいは無神経だと言っている人々は、この点を見逃している。それは単に軽々しい言動ではなく、世の中を我慢できるようにする方法でもある。ジョナサンは一度ナンシーと一緒に映画『彼らの最善の年月』（*The Best Years of Their Lives*）を観たことがある。その映画は戦争が終わって復員してきたアメリカの四人の兵士の物語であった。その中の一人はホーマーという海員で両手をなくしており、それぞれの腕は留め金で吊り下げられていた。調整は難しかったが彼の許嫁が側にいて、最終的に二人は結婚した。結婚式の時ホーマーが指輪を掴み損ねて、それを下に落としてしまう感動的な戸惑いがあった。映画が終わってからナンシーは言った。「もちろん、もしホーマーが私たちの家族であったら、私たちはすぐに彼を上手く行動させていたでしょう。彼の様子に気づいたら『ああ、ホーマー、あなたは自分の留め金のことはよく知っているのだから、どうすればよいか見せてよ』と言ったでしょう。そして結婚式では誰も気づかなかったでしょう」と。

祖父たち

七人のミットフォード家の人々の話は、知人関係やアルジャーノン・バートラム・ミットフォードとトマス・ギブソン・ボウルズの二人の有名人のやや短期間の政治的な共同活動について、一八九〇年代から始められている。ボウルズ家の家族がグロスタシャーにあるバッツフォードにミットフォード家をよく訪ねてきて、ミットフォード家の息子デイヴィッドとボウルズ家の娘シドニーは子どもの時に出会っていた、そして結婚して「ファーブ」と「マブ」となり、本書 *The House of Mitford* の主題となった。

この二人は一八九二年の総選挙に新人の保守党議員として議員に選ばれて以来、お互いによく知り合うようになった。彼らはロンドンのよく似たサークルで外食をしていたから、それまでも容易に会うことができた。共によく知られていたので、各々が相手のことを評判によって知り合っていたことは確かであった。

ミットフォードは一八三七年に生まれた。彼は常にバーティとして知られており、バートラム（Bertram）

を「バートラム」(Bartram)と発音する昔からの呼び方で同世代からそう呼ばれていた。彼は若い頃は外交官として過ごし、その後十二年間工部省で勤務して、ロンドン塔の修復やハイド・パークの改修の仕事に携わった。サーペンタイン川の下流の小さな庭園「デル」は彼が創作したものであった。一八八六年には従兄からバッツフォードを受け継ぎ、グロスタシャーとオックスフォードシャーにある広大な地所と共に受け継いだ。そこで、工部省を辞め、増え続ける家族と共にその領地に引っ越し、新しい地方の役人に専念することになった。彼はストラドフォードの国会議員になった。しかし彼が有名になったのは、『日本昔話』という一八七三年に出版された書物によってであった。この本は懐古談の雑文集で、描写、記述、伝説、お伽話、思い出などが技巧と魅力一杯に述べられている。そこではバーティが一八六六年から一八六八年まで日本で英国外交官の仕事をしていた頃に見出した、日本の政治情勢、文化、民間伝承などについての生き生きとした印象が物語られている。その本はすぐ評判となり、長い間読み続けられている。また何回も増刷され、出版以来絶版になっていない。今手元にある本は一九七八年に東京で出版されたペーパーバック版である。ロバート・ルイス・スティーヴンソンやダンテ・ガブリエル・ロゼッティもこの本の有名な推薦者であり、この本からの引用は、アンドルー・ラングのお伽話や少なくとも現代ホラー物語全集のような様々な選集に掲載されている。問題になっている引用の「忠臣蔵」(Story of the Forty-seven Ronins)の血生臭い話は決して場違いではない。バーティが直接目撃した切腹の描写は、この本の中でもおそらく最もよく知られている文章である。日本人自身も敬意を払ってバーティの文章をしばしば引用している。例えば新渡戸稲造は、武士道の騎士道倫理についての短い論説のなかで引用している。

出版の時期はまさに『日本昔話』とピタリと一致する。なぜならばそれらは日本が西洋に開かれた時期からあまり離れていなかったからである。そしてその時代は日本に対して強い好奇心が起こっているのに、日本についての知識がほとんどない頃であった。しかしこれはこの本が成功した唯一の理由ではなかった。この本自体が注目に値する出来映えであった。バーティは最も優れたヴィクトリア時代の多くの旅人たちと同じく学究的で冒険的であった。彼の年長の友人リチャード・バートン卿を思い出させる。その当時のすべての教養人と同じように古典文学について厳しいが実りのある修行を受けていたので、バーティは人並み外れた素晴らしい口語体の日本語を直に流暢に話せる、生まれつきの言語能力を持っていた。既に彼は中国に短期間滞在していて、日本の古典文学を学ぶ手段として役立つ中国語の表意文字を学んでいた。しかしこの本を生き生きとさせているのは、彼のこの国への愛情である。日本はバーティのために作られ、彼は日本のために作られている。バーティは日本的な方法に魅力を感じ、興味を抱き、はっきりと理解できないことでも反応を示していたが、常に敬意を払い、外国の文化に対してヴィクトリア時代の書き物を傷つけるような恩着せがましい態度は決してしなかった。日本の恐ろしくて身震いをする面は上手く言い逃れをすることができないほど残っているが、それは文化的な文脈に表れている。奇妙さは充分表現されているが、読者に日本人はもともと彼自身と同じ人々だ、と思わせることを妨げることは許されない。そこには哀愁を帯びた要素がある。彼が述べている昔の日本は消え去る運命にあったことを充分に承知して、バーティは自身が目撃した日本の封建主義と、少なくとも彼の心の中で懐かしく思っている過ぎ去ったヨーロッパの中世期の封建主義とを平行に考えている。バーティにとって『日本昔話』を書くこととロンドン塔の改修とは、共に英雄時代の記憶を子孫に遺しておくことであった。

バーティの日本に対する愛着心の性質は、彼が中国で勤務していた頃とは異なるのは全く明らかであることが理解できる。彼は中国での経験についての本『北京公使館』(*An Attaché in Peking*) を書いており、興味深く印象的だが、『日本昔話』を名作にした尊敬の余韻は全く欠けている。著者が感銘を受けているのは血讐の習慣や名誉のために作法に従って自殺行為をする習慣のある日本の侍であって、時代遅れの行政官が中国に制定した地主階級の学者という平穏な階級の人々ではない。

バーティは闘志ある封建制に心を惹かれていた。古くから伝わる家族の伝統には闘争的な要素があることが分かっている。そして彼は自分が属していると思っている昔の騎士道精神を守っている人々につながる英国古来の領主階級と「侍」とを比較していることは明白である。このような家柄であることに対してバーティが率直に誇りに思う気持ちは、今日よりも彼が活躍していた時代の方がはるかに強かった。しかしこのことを考慮に入れても、バーティのややお高く留まっている気質を認めねばならない。それにもかかわらず、バーティの紳士気取りは全く良識を欠いた、とても古くさい物であった。彼は上流階級の人はある意図を持っていなくてはならない、しかもその立場にいる権利を持たねばならないと思っていた。それにはある程度の社会的な責任も、ある程度の美徳も必要であり、特に個人的な勇気も必要であった。これらのすべてをバーティ自身は明らかに備えていることを知っていた。通常の社会生活においてもバーティは自分の階級意識をあまりに強く持ちすぎるため、個人的な判断を不利にしている。

このことはバーティがトマス・ボウルズが好きである事実から解る。ボウルズの家柄は風変わりであった。そして彼の活躍はバーティにとっては確かに少し野卑に思えただろうことは確かである。トマスは一八四一年生まれで、大いに好まれていたが非嫡出子であり、トマス・ミルナー＝ギブソンという民主党の政治家の息子であった。バーティと同じようにボウルズも公務員となり、サマセット・ハウスの遺産局でしばらく働いていた。しかしその生活に飽きてしまいジャーナリストに転向した。彼は雑誌『ヴァニティ・フェア』の創始者であり経営者としてよく知られるようになった。その雑誌の漫画数枚がロンドンのクラブの壁やレストランの埃っぽいところに張られているのが今でも見られる。「スパイ」あるいは「エイプ」とサインされている漫画は、その当時多少よく知られていたヴィクトリア時代の紳士の継承を表現しており、時にはからかい気味に、時にはへつらい気味に、時には単なる説明が付けられている。その雑誌は面白くて、生意気な口調で、品悪く茶化した面があった。『ヴァニティ・フェア』はトマスを何度か苦境に追い込んだことがある。一度は彼自身の事務所の前の大通りで腹立ち紛れの紳士に襲われ、何度も殴り合いをしたことがあった。確かにボウルズが議会でバーティを知るようになった頃までには、このようなことはなくなっていた。彼は既に『ヴァニティ・フェア』を売り払っていた。そして彼が創刊した別の雑誌『ザ・レディ』（*The Lady*）を発行し、その発行には今でもボウルズの家族があたっている。

トマスは常に政治に関心を持っていた。早くも一八七二年には議会選挙に初めて参加した。一八九二年のキングス・リンでの勝利は激しいものであり、際どいものであった。彼の選挙運動は彼の帆走ヨットを用いた、精力的で芸人のような手腕で行われた。そのヨットを港内に停泊させ、集会室として利用していた。トマスはたった十一票の差で勝利を手にしたが、一旦当選すると、一九〇六年に党との反目からその席を失うまで、その席を自分のものとしていた。議会ではかなりの名声を得ていたが、官職を得たり叙勲を受けたりすることはなかった。彼は闘志が盛んで、機知があり、するべきことに早く気づくタイプであった。トマスは法案を詳しく読むことが上手であり、議会の手続きにも大変詳しく、議員になる以前から既によく知っていた。また、彼は思い通りにならなくても明らかに誠実であった。このような性格の人は珍しく、畏敬の念を起こさせていた。より多くの注意が事例の内容より議論の成り行きに払われる時代であった。そして政党の地位を破るのはよくある時代であったから、連続して政権にある党は、政権にあるのが自党であっても他党であっても、政策に対する知識の豊かさと効果的な批判をする人物としてボウルズを恐れていた。ボウルズは多くの能力のない人物の一人として無視されていた。疑いもなくこれは、ボウルズが自らに対して起こりうる身に応えるような警句を言うことを人々が我慢することができなかったからであった。これは常に名士や善良な人々には評判のよくないことであったが、その理由はもっと深いところにあると信じている。トマスには魅力があり、活力もあり、外見的には社交的であるが、本当は孤独な人間であった。個人的な見栄を張る傾向があり、自分が気に入らない見解を多数の力で決められることには従うことができないために、トマスは仲間と一緒に仕事をするタイプではなかった。

しかしトマスは自分に満足していたが、決して利己的な人間ではなかった。トマスはどちらかと言えば空想的な利他主義者であった。彼の政治に対する本当の動機は理想の連続であって、彼が戦っているのは自身のためではなく理想のためであった。それらはしばしば海に関係するものであった。海は彼の恒久的に続く情熱の対象であった。彼は小型の帆走ヨットの相続権を所有していた。乗組員はその当時は普通の質素なサフォーク州の漁村オールドバラ出身の男たちであった。（その村が尊い雰囲気の小さな音楽祭センターに変化したことはボウルズを驚かせたであろうが、決して喜ばせはしなかっただろう。）一八七四年には一級の海員免許取得のために大変忙しい生活を送り、その免許を取得した。自身の生涯を通じてできるだけ多くの時間を海上で過ごし、息子や娘たちはかなりの期間を彼のヨットの上で育てられた。彼は英国海軍と国家防衛のためにその重要性を迷いもなく信じていた。そして第一次世界大戦において国家の安全に明らかに貢献できるのはこの地域であった。彼が英国の海上の優位性を信じているのは、自由貿易に対しての彼の熱意が関係していた。彼は英国が世界の海を支配している限り、産業革命以来英国が獲得している交易や産業の優位性を永久に持ち続けることは可能だと考えていた。既にこの考え方は時代遅れになりつつあった。他国での経済発展を彼は無視していた。と言うのは、彼には産業界の知識はなかったからで、海と英国海員の技術があれば彼にとっては安全であるだけでなく繁栄の鍵であった。

私たちは後ほど二人の祖父の経歴をもっと詳しく述べる予定なので、ここでは彼らとその家族が知り合うようになったいきさつを述べたい。トマスは彼の妻ジェシカが、一番下はたったの二歳の四人の子どもを残して一八八七年に亡くなったので、しばらく寡夫であった。その頃以降彼は余暇のすべてを子どもたちと一緒に過ごして、子育てに専念した。子どもたちはトマスと一緒に船に乗せられていた。ロンドンで仕事がある時でも子どもたちの一人か二人を連れていくのが普通であった。シドニーは長い間見知らぬ家の広い部屋に従者たちと一緒に残されているのを覚えていた。田舎に来るか尋ねられると、トマスは自分の子どもたちは自分と一緒に過ごさねばならないという理由で断るのが普通であった。これは政治演説をするために一八九四年にバッツフォードに来るようにバーティに尋ねられた時に語った言葉であった。勿論バーティは大家族であり、自身の家族も育ちつつあったが、トマスに子どもを連れてくるように言った。

子どもたちはミットフォード家の同じ年頃の子どもたちと上手く溶け込んでいた。その家族は一八九四年には既に七人であった。家族は一八九五年の双子の誕生によって完結することになった。しかしながらバーティの妻はトマスを好きにはなれなかった。そしてお互いが知り合うようになってからも、ずっとトマスのクリスチャン・ネームを使うことはなかった。バーティの妻はトマスの自己宣伝の態度が嫌いで、またトマスが慣習に従わないことも嫌いで、トマスの言うジョークもよく思わなかった。彼女自身の関係することのいくつかは全く慣習にとらわれないもので、上手くやっていくのが大変で、彼女自身もそれらのことを軽視していた。クレメンタイン・ミットフォード夫人も確かに少し堅苦しいのも認めなくてはならない。

彼女を弁護すれば、彼の子どもたちへのトマスの振る舞いは通常の母親にとっては無情であるとか、少し卑しいとは言わないけれど、奇妙に思えたに違いなかったのは付け加えておく必要がある。トマスは子どもたちを養っていれば、余計なご馳走などしないでも面倒を見ることは充分だと考えていて、クリスマスや誕生日のことなどで煩わせることはなかった。娘たちのパーティ用の洋服などは全く不必要なものと考えており、ほとんどすべての場合女の子は男の子と同じようなセーラー服を着せられていた。一八九四年にボウルズの家族が初めて訪ねてきた時のある日の午後、バッツフォードで酷い騒ぎが起きた。通常は子どももお茶会には大人たちと一緒に過ごし、普段より少しましな服装に着替えて参加した。十四歳であったシドニーは黒のビロードのドレスを持っていたが、九歳のドロシー、別名ウィニーは着替える服が何もなかった。そこでジョアン・ミットフォードは一－二歳年下であったがドロシーとほぼ同じの体格であったので、ドロシーに同情してお茶会に着ていくドレスを貸してあげた。大騒ぎが始まり、子どもたち二人が親に酷く叱られた。ジョアンに対するクレメンタインの苛立ちの原因は、皆に当惑を招いた責任があるのは酷いボウルズであることが明らかである、と彼女自身が感じることによって一層強くなっていることは明らかであった。勿論彼女は心の優しい婦人であったから、たとえ心の広い女性でなかったとしても――この気の毒な男に対して子どもたちを一人で育ててほしいと期待することは何もない、と呟いたのは疑いのないところであった。後になってからのことだが、彼女は彼に女家庭教師を推薦するのに相談に乗っていた。だからある意味ではトマスは、彼のやり方をこのように考えたすべての人に結局は勝った人物である。彼の子どもたちは自らの生涯の終わるまで、皆が最初は彼を尊敬し、後には彼の記憶を大切にした。彼女たちの見解によれば、彼女たちは彼の習慣や考え方に従っていた。特に彼女たちは、彼の一つの事柄に凝り固まらない性格を心に留めていた。この独自性が、シドニーを人もあろうにヒトラーの信奉者に導いたのは酷い矛盾である。

二人が共に国会議員であったのはその後の三年間で、バーティとボウルズは今では保守党の右派と呼ばれる立場で活躍していた。確かにトマスは彼の父親から過激な性格を引き継いでいて、彼の文書にはそれが目立っていた。そしていつの日か政党を変わることになった。バーティにはそのようなことは何もなかった。チャールズ一世と国会が対立していた頃、国会議員のことを円頂党とか王党員という表現で説明していたが、それは政党について、あるいは革新性や反応の程度について言うのでなく、政治的感覚とか動機の種類を対比する時に用いられていた。バーティの伝統を大切にするノーサンブリアン的な態度や勇気や個人的な忠誠心で表されている、封建的な考え方が彼を王党派としていさせて、王のしもべに他ならぬ姿にしている。トマスはイースト・アングリアン（円頂派議員）であった。トマスの議論好きなことと人物より結果を第一に考える態度は、独立派の人々と一緒の時が一番幸せであった。ブレイク海軍の艦長の一人であったことが一番幸せであったということが分かる。

二人の間の根底にある相違点は表面に出ることもなく、バーティが議員を辞めてから長い間も出なかった。しばらくして二人は彼らにとって大きな意味のある議会討論で一緒に仕事をした。不動産税の最初の導入への抵抗運動は不成功になった。この法案は、自由党の大蔵大臣ウィリアム・ハーコート卿によって一八九四年の予算に組み入れられた。今回の導入は幅広く反対されていたが、しかし全体としては強固なものではなく、とにかく保守党員はこれに反対しなかった。資本利得税に関しては、現在の我々の場合と同じように反対の多くの人々でさえ、その時期が来ていると思っていた。しかしそれはトマスの考えでも、バーティの考えでもなかった。トマスはその税金は自身の好きな海軍を強化するために残しておくべきだという事実によってもその案をあきらめなかった。トマスはその法案では資産家に比較的大きな負担を課するので、自然の正義に反すると考えていた。その意見は今日不当だと見られている。その税金を支払うための流動資金を見出すことが困難であるから、広い地所に税金を課するのは特に不公平だと彼は考えていた。トマスが自分の考えをどう思っていたとしても、彼の利己主義的な考えは非難できない。なぜなら、トマスは金持ちでもないし、特に土地所有者でもないからである。

バーティは確かに大地主であるが、彼の意見はやや異なったもので、土地税は利益を生み出す資本に税金を課すので財政的に根拠薄弱であり、したがって国家の資本資産を無駄に使ってしまうという意見であった。バーティは、トマスが下院の後部座席から法案に反対する粘り強さとその技巧を高く評価していた。彼の『回想録』(*Memories*)の中では、この二人が政治的な同盟関係を組まなくなってからも長い間高く評価していたことが述べられている。「ボウルズが法案の条文の各行、各文、各語について注意深く、比較検討し、注釈を付けた行間を埋める書き込みは不朽の業績である。この有能な人物による条文の研究は非常に完全で、いかなる欠点も見逃さなかった。ボウルズはハーコート卿の大きな脅威であったのは否定できなかった」。しかし遂にボウルズのすべての努力は無に帰した。委員会で少しの訂正案を確保したのはバーティであった。すなわち、大学に対する遺産を控除対象項目に設定したのだ。

優雅な農作地の地主と論争好きな雑誌編集者との相違点は明らかであり、その相違点は今でも家族が忘れずに強調している点である。しかしバーティとボウルズはお互いに持っている趣味に類似点があった。どのような遠慮であっても(特にバーティ側にあると思うが)それにピッタリな点があったかもしれない。

二人は共に疑いもなく愛国心が強く、勢力拡大をしていた帝国時代というよりはイギリスの騎士や義勇農騎兵の時代を思わせる愛国精神を持っていた。英国の権力を、道徳の高揚を図ることや世界の治安維持の道具として使うと述べたジョン・ラッセル卿や、とりわけグラッドストンの考えを連想させるその当時の自由主義的な意見を利用する考えは二人とも少しもなかった。二人は個人的な性格については、両者共に高い理解力を持っていて、異なった分野ではあるがよい仲間であった。二人共に魅力があり、愉快で、世間の事柄についてとても自信を持っていた。二人共に見た目もよく、同じように金髪で、青眼で、体型もよかった。バーティの容貌は傑出していた。トマスはある人々から特に脚の長さがやや短いと考えられていた。その上、トマスとバーティ共にずばり言えば、普通より出しゃばりであった。これはトマスのある文章の中に出てくるが、それはその時代では普通のことで、悪戯っぽいやり方で覆い隠されていた。バーティについては、女主人レディ・キューナードから彼女の年齢の離れた夫ベイチェ卿が取り下げたが、彼の父方の祖父から「英国皇太子は道楽者だ」と言っていたと告訴状を出された。

彼らが偶然共通に持っているもう一つの点は、共に子ども時代をフランスで過ごしていたので完璧なフランス語を話せたことだ。事実二人とも二言語に通じていた。しかしボウルズの発音にはいつも目立って英語訛りがあった。これはその当時ではより魅力的であった。それは英国人が外国語が得意ではないから、そのようにするのが流行だったのだ。フランス語を混ぜて話すのは特に面目に関わることであった。リットン・ストレイチーは、歴史家カーライルの友人であり教養があり聡明な人物であった彼の祖父がフランス人である馬車の御者を、フランス語と英語を交ぜた表現で「なんてのろのろ運転しているのだ」という言葉で叱ったと説明している。もしストレイチーの説明の通り、これがヴィクトリア時代の郷士たちの典型的なあり方だとすると、バーティやトマスは共に明らかに例外であった。確かに、トマスの外国語の能力はフランス語以外には駄目なように思えるが、一方バーティはドイツ人の家庭教師に育てられたのでドイツ語も完全に話せた上に、彼の本物の能力によってロシア語、中国語、そして日本語も習得できた。

この二人を引き寄せたもう一つの類似点は、彼がフランス語を知っていたこと、換言すると型にとらわれない子ども時代を送ってきたことである。トマスは非摘出子であった、そのために彼は異母兄弟と同じように英国のパブリック・スクールに行くことができず、フランスに送られた。バーティはその当時は今日よりも珍しかったが、両親別居家庭の子どもであった。彼の母親は彼が非常に小さかった頃に駆け落ちをして、離婚した。彼女はイタリアに行き、再婚した。その後、彼女はミットフォード家の子どもたちとは事実上他人関係になっていた。一番下のバーティは、彼女が家を出た時わずか三歳であった。そして彼女のことはその後話されることはなかった。何年か後になってバーティの最初の子どもが生まれた時、彼の母親にそのことを伝えなかった。しかし彼女はその頃はアールズ・コートに住んでいて、新聞でそのことは知っていた。これはバーティ側の彼の母親に対する何か特別の憤慨によって引き起こされたと思う必要はない。彼女はバーティが連絡すべきと思った人々に含まれていなかっただけのことである。バーティと彼の兄弟は再びほどんどの時期をフランスで父親によって育てられた。当時フランスは生活費が安かったからである。それから九歳になったばかりの頃、イートン校に送られた。しかしこれは今では不可能であろう。その当時でも普通ではなかった。

一八九〇年代、人々が自分の子ども時代の不安定な状態についてお互いに不平を言い合うことは通例ではなかった。そしてこれらの二人の特別な人々はいかなる時でもこのようなことはしそうにもなかっただろうと思われる。しかしおそらくそれぞれがお互いの相手に、半ば無意識に覆い隠されている幼い頃の不安定な足跡を克服したことに気づいていただろう。

第1章　家族と初期の生活

バーティ・ミットフォードは家柄にこだわっていたが、ベルギーの温泉浴場で田舎の友人との会合を楽しんでおり、一八六二年にその浴場で水泳をしていた。しばらく雑談をしていた時、一人の紳士が彼の名前を尋ねてきた。「おや、もしあなたがエクスベリーのミットフォードとジョージアナ・アッシュバーナム夫人の息子であるなら、おそらく英国で最も古い二つの家系の子孫で有名人ですね」と述べた。その紳士は『バークスの貴族年鑑』(*Burk's Peerage*)を書いたバーナード・バークス卿であった。バーティはこの話を自身の『回想録』の中に書いている。さらに話を進めると、これは本当の話であり、両方の家族の歴史の説明は控え目に言って、バーナード卿の説明では誇張されていると理解できる。

バーティの母方の家系、アッシュバーナム家はサセックスの貴族であった。バートラム・アッシュバーナムという人物はハロルド王の臣下でイングランド南部五港の管理人であったとされていた。征服王ウィリアムに率いられていたということだが、しかしこれはおそらく伝説であろう。確かなことはチャールズ一世に仕えていたジョン・アッシュバーナムが先祖であることである。彼は、目撃者が王は一月の寒さで震えているのでなくて、恐れて震えていると解るように、王が着ていた二枚のシャツの一枚を証拠品として確保した。元々は王家の血統を証明する充分な量の血のしみが付いており、バーティは彼の時代までにこのシャツは何も知らないお節介好きな家政婦に綺麗に洗濯されていたと話していた。

　ミットフォード家については、彼らがサクソン出身であるか否かは別として、確かに中世から続く家柄である。ノーサンバーランドの領地のある紳士階級に属し、全国的に有名にはなっていないが、幾世紀もの間で地方の著名人であった。トム・ミットフォードは歴史書の中でミットフォードの名前に出くわすことはないと言って、父親や叔父たちを困らせた。共和国時代をタワーの中で過ごした気の毒なジョン・アッシュバーナムほどではないとしても、彼らはまた十七世紀中頃の動乱期には王党派に加わっていた。とにかくロバート・ミットフォードはチャールズ二世の時代に、一二六四年にヘンリー三世が一族から没収していた城と小さなミットフォードの町を取り返した。これは元通りになった政権に返還される仕事であった、と考えるのは正しい推測である。

　しばらくして、今回の大政変を引き起こした人物の三男、ジョン・ミットフォードは既にロンドンで商人として資産家になっていた。彼はロンドン大火災の後、一六六七年にロンドン取引所の復興に助力し、その努力の結果、その企業の発起人株を手に入れた。バーティ・ミットフォードの父親と彼の従兄は、これらのロンドン取引所の株主券に一家の名前を示すように試みた。その株主券は十九世紀頃には大変価値のあるものになっていただろう。しかし、これに資格のあるジョン・ミットフォードの名前をした別の人間がいないことの証明ができないために、これには失敗した。同姓同名の人が他にいないことの証明はとても難しいことは誰でも知っているが、いつも資金に非常に困っていたバーティの父親にとっては絶望的であった。確かに、バーティの娘アイリスは一九六〇年代の対話の中で「私たちの家族は確かにずっと昔に全財産を使ってしまっただろうけれど、彼らはそのことを楽しんでいたのだろう」と言っていた。バッツフォードの異国風の庭園は疑いもなく拡大され、より入念に造られていただろう。もしその資金のいくらかがアイリス自身の元に届いていたならば、アイリスの「楽しみ」はすべて慈善行為であったから、慈善活動に向けられていただろう。

商人のジョン・ミットフォードは永年英国南部に住んでいたが、彼の子孫はノーサンバーランドの土地やその地に住んでいる従兄たちとの結びつきを失うことはなかった。彼の孫で、もう一人のジョンはその州出身のエリザベス、別名フィラデルフィア・レヴェリーと結婚した。(バーティは彼女のことを一九三九年版の貴族年鑑と同じようにフィラデルフィアと呼んでいる。)これは、エリザベスの姉妹がグロスタシャー州のバッツフォードの郷士トマス・エドワード・フリーマンと結婚したことで、その一家に大きな財産を間接的にもたらした。ジョンとエリザベスとの間の二人の息子たちはこの一族の中で初めて名声を博した人物になった。

二人の息子の年長の方はウィリアム・ミットフォードで、バーティの大祖父に当たる。彼は不朽の名著『ギリシャ史』(*History of Greece*)を発表し、その当時有名であった。その著書は今は忘れられているが、数巻の背皮綴りの書物で、今なお時々地方の図書館の書棚に並べられている。ウィリアムは一七四四年に生まれ、ソレントにあるエクスベリーに住んでいた。その場所はバーティの言葉によれば「地上の楽園」であった。ウィリアムは特に才能に優れていた。古典や歴史の知識が豊かであるだけでなく、有能なアマチュアの画家でもあり音楽家でもあった。また、数年間国会議員を務めた。彼はハンプシャー軍隊の優れた士官であった。やがて指揮官になったことから、後になってもいつも「連隊長」と呼ばれていた。エドワード・ギボンは軍隊での同僚の士官であった。そしてウィリアムに『ギリシャ史』を書くように勧めたのはギボンであった。ギボンとミットフォードは、ヘンデルが現在では忘れられているがボノンチーニ〔イタリアの作曲家でチェリスト〕と比較されていたのと同じように、お互いがよく比較されていた。いずれの場合でも、その名声は続いていて、それに値するものであった。ミットフォードの『ギリシャ史』は洗練された読むに値する作品であるが、非凡な作品ではない。

『ギリシャ史』はとても保守的な見方で書かれている。これはマコーリーが全般的にそれ以降続いている歴史書に進歩的な考え方を取り入れて以降、同書の名声に陰りが出始めたことによるかもしれない。しかし一人賛同者がいる。それはトマス・カーライルであった。バーティは彼の『回想録』の中で、「ミットフォードの『ギリシャ史』がギリシャの政治の保守的な面を描いているのは自然なことである。グロートやサールウォールは急進的な考え方をとっている。いつかトマス・カーライルが私の大祖父について私に話しかけた、カーライルは確かに保守派ではないが、彼は他の二人よりもいわゆる保守派の書物を高く評価している。カーライルの言葉では、ミットフォードは歴史の何も付いていない骨組みに生きている肉や血液を着けさせる才能を持っていた」と述べている。カーライルは勿論無類な人物であった。彼は保守主義者ではない、ましてやホイッグ党員でもなかった。バーティが「当然のことながら」という言葉を使うことに気づくが、彼の先祖が保守主義者的な立場の見解を書いてくることは、彼にとっては当然のことである。バーティ自身の著作と同じようにウィリアムの歴史書は、一群の人々の正確な見解を文学的な用語で表現していたので、その人々がこれまでの見解を固守している限り、不正確な表現になりがちである。勿論保守派の郷士たちは幾世紀に亘ってしばしば文学的な意見を述べているが、これは多くの場合、他の人の進歩的な考え方の少なくともある部分を取り入れていることを意味していた。このようなことは、現在までミットフォード家の著述を生業とする人々には起きていない。

厳密な意味での同様の政治的な見解をすれば、ウィリアムの弟のジョンに対して彼の今までの経歴について失敗させることになった。ジョンは一七四九年に生まれた。優れた弁護士となり一七七七年には法曹界に入った。三年後には『ミットフォード・オン・プリーディングズ』(*Mitford on Pleadings*)を出版した。同書はかなりの成功を収め、かなりの金額の印税を得た。その後百年にも亘り読まれている。バーティの話によると、一八七三年にアメリカ合衆国に滞在中、「何人かの有名な裁判官や弁護士が私の所に来て、私とジョンとの関係を尋ねた」という。この著書によって得た財産はジョンがノーサンバーランドのリーズデイルの地所を入手するのに役立った。それは先祖からの土地に対する、家族としての気持ちの表れであった。この著書はまた、政治における法的な面での成功の道に導いていった。彼は国会議員となり、継続して法務次官、検事総長、議長となった。彼はローマン・カトリックに対する刑法の廃止に尽力し、ありがたいことにカトリック側は金製の花瓶を贈呈することに同意した。

これはその当時起こっていたことを考えると皮肉であった。ジョンはリーズデイル卿として貴族になり、クレア卿の死去に伴い、アイルランドの大法官に指名された。クレアは政治的な黒幕であった。二年前の大英帝国との連合法でアイルランド国会から賄賂を使われ弱者虐めを受け、これらの法案は廃止された。アイルランドにいる時、ジョンは今では一般的に使われている一つの表現を作り出した。彼の言葉によれば「アイルランドでは豊かな人々の法律と貧乏な人々の法律は別々である」と。フランシス・ハーグレイヴによって書かれた一八四五年の回想録では、ジョンの表現はしばしば引用されていると述べている。クレアが軽はずみだったのに反して、ジョンはクレアの考えを改善したのでダブリンでは良心的だと見られていた。しかし軽はずみだという態度は、ジョンがアイルランドの弁護士たちと上手く接していくのには都合が良かったかもしれないことがやがて明らかになった。弁護士たちの多くは、どちらかと言えば軽い冗談が好きであった。もし彼が今までより著名であったなら、これから起きるトラブルに役に立っていたかもしれない。完全なカトリック教徒の解放が進行中であり、それはカトリック教徒たちに信仰の権利や財産所有の権利を制限していた処罰法からの自由があるだけでなく、投票権を含むすべての市民権の許可であった。ジョンは熱烈な保守派であり、英国国教会の狂信者であったので、この考えを嫌っていた。これは彼の今までの処罰法反対の態度と不一致ではなく、民間人としてカトリック教徒の権利に対して懸念を持っていた。制度としてローマ・カトリック教会に対してさらに強固で政治的な恐怖心を持っていたからである。彼や彼と同じ立場の人々は、彼の子孫のある人々が（すべてではないが）モスクワを見る時と同じ仕方と言える態度でローマを見ていた。個々のカトリック教徒に土地を所有する権利のような問題で平等性を許すことと、特にアイルランドのように数の面で大多数を占めている場所で政治的影響力を持つことを許可することとは、全く別問題である。だから彼は事務所を通じてカトリック教会の責任を伴ういかなる立場をも断っている、たとえそれが治安判事に関する場合でも。このことが彼がアイルランドで嫌われている原因となっている。その当時アイルランドでは、ほとんどのプロテスタントはカトリックの解放を支持していた。それにはまたフォックス派やカニング派のような英国のホイッグ党から鋭い批判が出た。

一八〇六年に急激な増加が発生した時、ジョン・リーズデイルはクロンカリー卿を行政長官にすることを拒否した。クロンカリーは反逆を疑われたが、起訴される理由は何も見つからなかった。彼は、裁判も開かれないまま二年間ロンドン塔の中に投獄されていた。その頃のフランスとの数回の戦争や、一七九七年にアイルランドで起こった戦争のため、議会は保護令状を停止することを決めた。ジョンはこの反逆の疑いを言及することによって、クロンカリーの治安判事就任を反対したことを正当化させた。大騒ぎが起きて、ジョンの意見は屈辱的なほどに覆され、そして内閣府から解雇された。しかし、ジョンは上院の末席を再び去ることはなかった。人々はジョンがイギリスの司法の名を汚したと思った。しかし彼は決してこのことを認めなかった。（ナポレオン戦争は今でも進行中であるというジョンの弁明を忘れてはならない。第二次世界大戦は終了していたが、内務省の役人たちはジョンの傍系の子孫であるダイアナと彼女の夫オズワルド・モズリー卿に対して、パスポートの発行を拒絶していた。二人は必要とされる独断的な投獄期間からまだ解放されていなかった。それはクロンカリーの場合と同様に人身保護令状の疑いであった。クロンカリーの亡霊はおそらく面白がっているだろう。）

このような不明瞭な理由によるジョン・リーズデイルの強制的な辞任は、一八〇八年に彼のバッツフォードとその広大な領地の相続によって緩められた。結婚によって叔父になったトマス・フリーマンはその年に死去した。フリーマンの唯一の子孫である孫娘も彼に続いて死去した。その孫娘も子どもがいないままに死去したので、その領地はジョン・リーズデイルに遺された。しかしそのジョン・リーズデイルにも血縁関係者がなかった。資産はオックスフォードシャー、スウィンブルックのデイヴィッド・リーズデイルの領地、コッツウォルズの田園地帯の数千エーカーの土地からなっている。そこは七代ものミットフォード家の人々が育てられた土地であるが、借金や税金を支払うために家自体や土地のほとんどが売り払われた後に残っているものだけであった。トマス・フリーマンの記念として法の定めるところによって、家族の名前はフリーマン・ミットフォードに変えられた。

ジョンは一八三〇年まで住んでいて、息子と娘の二人を共に晩年になってから授かった。二人とも結婚せず、バッツフォードで一緒に暮らしていた。そして狩猟小説家サーティーズの著書の中の人物のように、完全に独身の生活をしていた。リーズデイル卿ジョン・トマスはヘイスロップ・ハウンド犬を飼育していて、永年狩猟隊長を務めていた。彼はハイ・トーリー党の地主階級の指導者であった。ホイッグ党の大公たちは自身に究極の贅沢としてのある程度の進歩的な心情も持っていた。その最高の地位のすぐ下の地位でヴィクトリア時代の英国を動かしていた。リーズデイルは地方問題に精力的に取り組み、特に現在では評判は悪いが、貧民法を管理する管理局について精力的であった。彼の花嫁がよく言っていたことだが、彼の飼っている老馬を気ままにさせておいたら、真っ直ぐシップストン・オン・ストゥールに向かうだろう、そしてそこで保護者たちに会うだろうということである。彼は独裁者卿として知られていた。『ヴァニティ・フェア』のスパイによる漫画の説明では、彼は太鼓腹で、灰色の燕尾服を着て、微かな光沢のあるシルク・ハットをかぶり、ギタリストのセゴヴィアと少し似たところがあった。バーティはリーズデイルの伝説的な厳しさに「議会の職員や運営の指示者」というニックネームをつけている。それはディケンズの『ピックウィック・ペーパーズ』(*Pickwick Papers*)で述べられている、政治における「イータンスウィル」の方法にストップをかけるのは、リーズデイルのような立派な社会的地位にある人物が中心であったことによる。

リーズデイルは決して余暇をグロスタシャーで過ごしたわけではない。彼はまた保守党のために上院で活発な運営活動をしていた。彼は歴史家たちに名前を挙げられることはめったになかったが、現代的な政治家として見識の広い人物であった。ウェリントン公爵は彼に院内幹事をさせており、彼は後に各委員会の議長になった。彼の影響は今の現状に大いに発揮された。最高控訴機関としての上院の機能を廃止しようとする反抗運動に成功した。一八五七年には離婚を緩和する法案を上院議員に取り除かせるのに、英国国教会の高教会派の「ピュージー主義者」と上院の同問題に関連する議員とを結びつけてほとんど成功していた。パーマーストン卿はこの動議に対処するのに大変に苦労した。これはリーズデイルの宗教的で、どちらかと言えば政治的で保守主義的な考えに由来していた。彼は英国国教会の関係者であり神学論証法を行っていた熱心な素人の神学者で、重要な人員配置や、カトリック教会の絶対確実性とか、プロテスタントの聖餐式について論争するために思い切って公開の文通を始めた。一八七七年にディズレイリは永年の議会活動の褒賞として二階級特進して貴族となり、初代の一代限りのリーズデイル伯爵に任じられた。彼は一八八六年に死去した。そしてバッツフォードをバーティに遺した。というのは、バーティの二人の兄たちのうちのパーシーは既に亡くなっており、ヘンリーは国を離れ、ドイツ人の女性と結婚し、一人の娘がいた。何らかの理由で一家は彼との縁を切り、許されることはなかった。ヘンリーについての説明はバーティの『回想録』から削除されている。ヘンリーは一九一〇年に死去し、バート・ゴーテスベルクに葬られた。

これらはつまり、バーティが彼の従兄からバッツフォードの遺贈を受けた理由についてであるが、彼は称号は引き継がなかった。どのような問題が生じたかと言えば、彼もまた後に貴族になり、リーズデイルの称号を得たからである。その結果どのリーズデイルが何代目になるかは混乱の原因となっている。例えば、バーティの息子のデイヴィッドは第二期の第二代リーズデイル卿であって、第四代リーズデイル卿ではない。しかしここでは話を元に戻して、彼の直接の先祖について考えてみたい。

ウィリアム・ミットフォードの長男ヘンリーはバーティの祖父であるが、ナポレオン戦争の頃は帝国海軍の艦長であった。彼はそのような任務に就いていたので、時々発生しがちな馬鹿げた事故の一つの犠牲となって死去した。トラファルガーでどうして勝てたのかが不思議に思われている。一八〇三年ヘンリー・ミットフォード艦長は、彼にとって初めてのその役目に任命された。その艦の名はHMSヨーク号であった。彼は航海士と一緒に就航前の艦の様子を点検するために乗船した。彼らはその艦が航海には耐えられないことを知り、事実を報告した。海軍大将は艦の状態ではなく、ミットフォード艦長の言葉に対して立腹した。このことは構成上の反抗行為と取られたからであった。海軍大将たちは彼に航海に出るか、あるいはこの任務を辞退するかを選ぶように言った。勿論彼は出航した。そして一八〇三年のクリスマス・イヴに戦艦ヨーク号は北海の霧の中で乗組員全員と共に沈没してしまった。一本のマスト丸材のみが後になってから海岸に打ち上げられていた。この出来事は、一七八二年のロイヤル・ジョージ号が港内で沈没した時の人々を思い出させてくれる。クーパーの詩の言葉はヘンデルの曲によって忘れられなくなっている。その曲では「ケンペンフェルト号は八百名の船員と共に沈没してしまった」と歌われている。

ヘンリーは二回目の結婚をしたばかりであった。彼には最初の妻との間に二人の娘があった。二回目の妻の名前は旧姓メアリー・レスリー・アンストルーサーで、身ごもっていた。彼の死後に一人の息子が生まれ、ヘンリー・レヴェリー・ミットフォードと命名された。メアリーはまもなく再婚したために、ヘンリー・レヴェリーは彼の年長の異母姉妹と一緒に歴史家の祖父に育てられた。今では六十歳に近づいていたウィリアム大佐は年齢と共にますます気難しくなり、自分の殻に閉じこもっていた。彼の二つの関心事は著作と庭園造りであった。彼は研究を続け、熱心に書き続けた。時々休んで運動のために床の上で重い木の幹を曳いたり、エクスベリーの地面をぶらぶら歩いていた。親から引き継いでいる鹿の角の柄のナイフで灌木の枝を刈り込んでいた。子どもっぽい無駄話は大佐が最も嫌うことであった。そして自分の孫に大変楽しい子ども時代のことは何も話さなかった、とバーティは言っていた。彼の年上の姉たちは彼の大叔父、初代リーズデイル卿と同じように彼に親切であったが、ジョンが結婚した頃には既にアイルランド大法官になっていた。その同じ年に、彼の甥ヘンリーは艦と共に亡くなった。ヘンリー・レヴェリーと大法官の息子で後の伯爵とは、一時的ではあるが生涯の友人となった。たとえ、ウィリアムの早めの結婚とジョンの遅めの結婚というこの両者の世代が異なっていたとしても。

ヘンリー・レヴェリー・ミットフォード、すなわちバーティの父親は優しく教養のある人に育てられ、先祖たちや子孫たちと同様に色々な才能や興味を受け継いでいた。彼は気難し屋の老歴史家の祖父のような丈夫さを欠いていたように思えた。彼の息子のバーティと同じように音楽や絵画が好きであった。彼は歴史の知識が豊富で、十七、十八世紀のフランスが特別な時代であることをたくさん知っていた。彼はその時代のフランスについての描写は得意であった。バーティは一度彼に言ったことがある。もし彼がその当時のサロン界に戻ったら、その当時の人々を見ただけで誰だか解っただろうと言うと、彼は「確かにそうだろう」と答えた。勿論彼の子孫のナンシーとダイアナだってそうだろう。バーティはまた彼の父は色々な言語を理解できたし、それは大きな利点であったと述べた。

ヘンリー・レヴェリー・ミットフォードは、フローレンスのイギリス領事館の書記官の任務に就くためにオックスフォード大学を中退した。イタリア統一前はそこが独立した首都であった。現在もそうであるが、その当時その町はイギリスの文化人たちの集まる場所であった。芸術の愛好者や、気候が気に入った人々が集ってきた。おそらくそれは、いつの時代でもそうだが、海外に住んでいる人々の間で自由な慣習に惹きつけられていたのだろう。ヘンリー・レヴェリーがレディ・ジョージナ・アッシュバーナムと出会ったのはこのような気持ちの良い社交界の中であった。彼女の父はアッシュバーナム伯爵で、フローレンス別荘を所有していた。彼は一八二八年に結婚し、フローレンスの任務を辞し、彼の祖父が死んでからソレントのエクスベリー家の跡を継いだ。ヘンリー・レヴェリーは妻と共に英国に戻り、エクスベリーで田舎の郷士としての生活を始め、慣習的に司法長官としての立場に就いた。この結婚によって何人かの子どもが生まれた。そのうちの三人の男の子が生き残り、パーシーとヘンリーと名づけられた双生児は一八三三年に生まれ、バーティは一八三七年二月二十四日に生まれた。

一八三八年ヘンリー・レヴェリーはその家を他人に貸し出して、一家は大陸で生活するために英国を離れた。バーティの言葉によれば、これは費用節約のためであった。これに関する限りおそらく本当のことだろう。英国での生活は比較的お金が掛かり、エクスベリーのような小さな田舎の領地では決して利益の出るものではなかった。しかし引っ越しの希望はヘンリーよりレディ・ジョージナの方が最初に言い出したし、経済的にしたいと言うよりも、もっと積極的な考えによるものであった。二人はフランクフルトに向かった。それはそこには二人の友人であるフランシス・モリニューがその地で英国領事館の書記官をしていたからであった。

モリニューは第二代セフトン伯爵の次男で、ヘンリー・レヴェリーやレディ・ジョージナと同様にフランス語を話すことができ、外交の仕事をして、外国の首都にいても母国にいるように活動できる、上流階級のヨーロッパ系というよりも国際人タイプであった。モリニューはしばらく以前からミットフォード家の人々を知っていた。しかしある時から彼とジョージナは情熱的な恋愛を始めた。いつ頃からのことか知りたいだろうが、おそらくそれはミットフォード家の人々がドイツに住むようになって以後と思われる。一八三八年の五月か六月に一家がフランクフルトに到着した時、モリニューは彼らを迎え入れるため当地のホテルにいた。モリニューは彼らをドイツの田舎へ自らの自動車で長いドライブに習慣的に連れて行っていた。時にはミットフォードと一緒であったり、時にはレディ・ジョージナだけであったりした。モリニューは彼らの三階建てのアパートで家族と一緒のお茶会によく参加していた。「彼はミットフォードがいてもいなくても毎日来ていた」とミットフォード家の召使いから聞いた。そしてとても珍しい出来事があったことを証言した。法廷での聞き取り調査の結果は、二人の離婚につながった。

一家がドイツに到着してから約三年後の一八四一年五月のある日、彼らはウィースバーデンにしばらく滞在していた時、レディ・ジョージナは召使いに彼女の荷物を梱包するように頼んだ。そして子どもたちに別れのキスをしてモリニューと共に出かけてしまった。その日の午後、ヘンリー・レヴェリーは家にはいなかった。彼は自分の妻が永久にいなくなったことを知った。彼はその時まで何の疑いも持たなかった。モリニューとジョージナがどこに行ったかは最初は不確かであった。しかし八月にロンドンのハイド・パーク・ホテルにマレー夫妻の名前で宿泊していた。そのホテルで彼ら二人は、彼女の弟トマス・アッシュバーナム大佐の訪問をうけた。トマスも離婚につながる証言をした。詳しく言えば、法廷での聞き取り調査はヘンリー・レヴェリーがモリニューに対して起こした訴訟で、彼の妻との間の不法侵入と姦通罪に関するものであった。その結果として一千ポンドの損害金を受け取った。離婚自体は国会の特別法によって効力が出るのであったが、正式同意が一八四二年三月二十三日に与えられた。モリニューとジョージナはその後その年に結婚した。そしてイタリアで住むために出かけた。おそらくその当時ロンドンでの立派な家庭では離婚した婦人を受け入れるところはなかっただろう。

そのスキャンダルは噂の形で少なくとも百年間は消えることはなかった。フランシス・モリニューがバーティの真の父親だろうという噂があり、このことは一九四一年になってから、デボ・ミットフォードが当時のアンドリュー・キャヴェンディッシュ卿「第十代デボンシャー公爵の息子」と結婚することになった時、公爵が彼のクラブで彼の友人に話していた。それから彼はミットフォード家のことを調べるためにバークの『貴族年鑑』を取りに行った。すると、もし彼らが実際は誰なのかを知りたいならば、セフトン家以下を調べるのがよいとその友人は言った。

本当の由来やこの種の噂についての中傷的な推測が人は好きであるが、一旦広まってしまうとなくなるのは難しい。勿論噂が常に虚偽であるわけではないが、おそらくこの噂は虚偽である。それはレディ・ジョージナは一八三六年五月頃からフランシス・モリニューと肉体関係を持っていたことを暗示していた。五歳から九歳までのバーティの子ども時代には、フランスで父や二人の兄弟たちと暮らしていた。夏の間はトルーヴィルに、冬や春の間はパリに行っていた。彼の『回想録』によれば「同じアパートには二度と立ち寄らなかった」という。しかし彼らはザ・マドレーヌの近くにはいつもいた。そこはヘンリー・レヴェリーの友人たちのサークルや子どもたちが小さなフランス人の子どもたちとおはじき遊びをしていたトワレリー・ガーデンにも近く利便が良かった。ルイ・フィリップ王が長い灰色のオーバーコートを着て健康増進のための散歩によくここに来ていた。いつも一人だけお伴を連れていた。「あの灰色のコートを着ている老人は王様だ」とバーティが言うと「皆が畏敬の気持ちで見ていた」という。

ヘンリー・レヴェリーの友人たちはこの意見ではなかった。彼は昔の筋金入りの貴族主義の中で動いていた。その人々に対してルイ=フィリップは権力の強奪者であった。彼の名前そのものが彼の憎むべき父親フィリップ・ド・オルレアンスのことを彼らに思い出させた。彼は革命を支持し、ルイ十六世を打ち首にすることに賛成した。彼らはルイ・フィリップの中産階級の廷臣たちに対しての下品な振る舞いに申し立てをし、愚かな家族を軽蔑した。年配者たちは革命的な恐怖について興味を引く話をしていた。特にかつてマリー・アントワネットの女官をしていた一人の老婦人についての話をしていた。他の者たちはロンドンで亡命生活をしていた頃を思い出していた。古い家柄の一人の紳士は鯨の骨のコルセットの製造者としてソーホーで商売を始めた。またある別の人物は便利な安価な肉で栄養をつけていたり、ロンドンの通りで英語で猫の肉を意味する「かみ（kami）」と呼ばれる肉を売って行商したりしていた。

その当時の教育習慣のある者には少し滑稽に思えるかもしれないが、七歳のバーティは学校の何人かの生徒たちと一緒に、恋人に刺し殺された一人の女の子の死体を見るために死体安置所に連れて行かされたことがあった。死体は裸にされており、冷やすために水がチョロチョロ流されていた。バーティの話ではその光景に数週間悪夢のように苦しめられたという。同じようにトルーヴィルでは、男の子たちはドイツ人の家庭教師に地方の畜殺場へ殺されている動物を見に連れて行かされたという。

トルーヴィルはその頃は漁村であったが、流行のリゾート地にするために改良が始まっていた。少なくとも一年間は洒落た旅行者がいなくなってから、家族で秋のしばらくの期間滞在した。これはおそらく節約のためであったろう。ヘンリー・レヴェリーの年老いた姉たちが彼らと共に、時には彼の母親、今ではファラー未亡人ではあるが、よく尋ねてきて家事を手伝っていた。これはあまり楽しくなかった。というのは彼女はスコットランド人であったので、スコットランドではその当時有名であった、うんざりするような安息休暇を強制されるからである。しかしバーティの説明では、それはカルヴァン派の人の性格というよりは、監督派教会の性格であったのは明らかである。日曜日ごとにトルーヴィルでは、誰もが普通よりもずっと良い時間を過ごしていた。老婦人が聖光会祈祷書を使って飽き飽きするほど長いお祈りをする間中、ミットフォード家の人々を座らせていた。「彼女は朝のお祈りを聖職者に相応しい免罪の言葉を含めて、始めから終わりまで行い、そのお祈りを特別の情熱をもって行い、それから連祷があり、これは専門の牧師が朝のお祈りを全体的に行う時には省略するが、それから聖餐式のお祈りがある。おそらく聖餐式のお祈りは簡単に読まれるだけである。ファラー夫人は、牧師のように聖餐式のお祈りをすることはなかっただろう。いずれにしてもこれだけでは終わらなかった。大抵の参列者が疲れ切ってしまう頃、私の祖母はそんなことはなかったが、彼女はブレアのお祈りの一つをはじめた。そして私たちが欠伸をしたりそわそわしたりすると、悲しい顔をしたりなおざりだと言われたりした！」ヘンリー・レヴェリーはこのような強制的なことに耐えていたから、彼は特に強い性格をしていなかったと推測していることは事実だ。

既に述べたように、バーティは九歳という普通ではない年齢で一八六四年にイートン校に入学した時、色々な面でよいスタートをしていた。非常に若かったので、少年寮では個人部屋に入った。彼は若いミス・ジェニー・エヴァンズに世話をしてもらった。彼女は後に父親から寮長を引き継ぎ、独立の女寮長の最後の責任者となった。彼女の時代が終わると、すべての寮の世話は教師たちに取って代わられた。彼女はバーティを背に負ぶって二階に上げ、彼の面倒を見ていた。バーティが大きくなり寮の年少者部屋に移る頃には、チャールズ・ディケンズの息子が近くにいて友人になった。バーティは既に学校での色々なことを知っていた。事実、彼が出かける前、熱心なイートン校の先輩であった彼の父ははっきりとどうしてほしいかを話していた。もう一つの有利な点は、少なくとも心理的なことではあるが、校長のエドワード・ハートリー博士が彼の父の個人指導教授であって、家族ぐるみの親友であったという事実である。ハートリー博士は彼が入学した時、バーティと彼の父をランチに招いた。そしてイートン校在学中は彼に対して親切であった。この点で何の特別な可愛がりはなかった。とにかくイートン校の校長の立場はあまりにもかけ離れた存在で、個々の生徒の経歴にどんな形にしても影響を与える人物ではなかった。しかしそのことはバーティの志気にはよかったに違いない。不幸にも、ハートリー博士は校長の職を辞し、学寮長になった。バーティが最高学年になる前、そして一年間半は彼の後継者のもとで過ごした。その後継者は活気がないとバーティは思っていた。

しかし一般的には、イートン校はバーティのためにあったようなものであった。六学年の二番、寮長、ポップのメンバーとして彼は学生生活を終えた。バーティは学校での課業を楽しみ、その課業を上手く処理した。彼には言語能力があり、ギリシャ語やラテン語は言うまでもなく、現代言語の大抵の外国語を習得することが可能であった。そしてそれらの外国語の詳しい知識によって素晴らしく発展した。彼はまたスポーツが好きで、特に漕艇が好きであった。しかしこれらは、その当時はその後のような熱中の対象ではなかった。

特にそれらのスポーツは義務的ではなく、それは詩人のアルジャーノン・チャールズ・スウィンバーンにとっては幸運であった。スウィンバーンはバーティの実の従兄弟で、母親同士が姉妹であった。彼らは全くの同年齢であった。しかしスウィンバーンは十二歳の普通の年齢でイートン校に入学した。バーティは既に古手になっていたので、親たちにスウィンバーンの面倒を見るように頼まれていた。子どもたちはこのような頼みごとに対して意地悪に反応する傾向があった。しかしバーティはスウィンバーンが気に入っていたので、大勢の人々に彼を紹介した。スウィンバーンは戯けた人物で小柄で、海軍大将である父親から遺伝している薄い赤色の髪の毛を束ねていた。「彼の言葉は年齢の割には綺麗で、風変わりで、豊富に変化に富んだ声であった。そしてアッシュバーナム家の血筋を引いていて特殊な抑揚のない声をしていた」。二人はよく連れ添って散歩に出かけ、空想をいつまでも話し合い、時々スウィンバーンの貪欲な読書に基づいて話し合った。

バーティはヴィクトリア期のパブリック・スクール制度の特殊版が開発されている時期にイートン校に在学していた。彼の時代以前は奔放で、複数の白樺の枝で鞭打ちをする野蛮なボクシングの決闘が何時間にも亘って行われていた。その時に少年が死んだかどうかは知られていない。「アド・マンテム」という風変わりで無秩序な行進をするイートン校生、その時にはお金を無心したり時には通行人からお金を奪ったりして、悪名高いイートン・ロング・チェンバーに七十人もの奨学金を受けている少年やカレッジの学生たちが夕方から夜明けまで閉じ込められた。バーティが入学する少し以前までにロング・チェンバーは規模が縮小され、正方形型に分割され、今でもニュー・ビルディングと呼ばれる建物が補充されている。バーティが入学する頃にはマンテムは廃止されていた。バーティの在学中やその後は、イートン校はその本質的要素において今日の姿になった。イートン校はトマス・アーノルド博士が一八二〇年代にラグビーで実施したのと同じ改革を成し遂げた。ホートリー博士は校長として、後には学寮長として近代化を始め、後に彼の後継者を助けてそれを完成させた。

もしイートン校が他のパブリック校より個性を尊重することを大目に見たり適応できない人々に対

してより安易な生活を許していたりしたら、その結果はハートリー博士とアーノルド博士との相違点に関連するかもしれない。バーティの言葉によれば、ハートリー博士は「世界を知っている旅行者であり、言語学者」であり、彼自身の上流社会の人々だけでなく、いくつかの異なった国々の知識人たちと知り合いであった。それは物事は変化しなくてはならないと彼に考えさせているアーノルド型の「強健な肉体と快活さを尊ぶ精神」とは異なった広い世界的な知識であって、非衛生的な環境で学び、鞭打って教え込むのはもはや生活のための準備に充分とは言えない。彼はフランス語や数学を教育課程の中に導入した。勿論彼は肉体による処罰を廃止する考えはなかった。それは伝説に残る先駆者であるキート博士の熱意ではなくて工夫とともに行った。その当時の鞭打ちに対する考え方は、今日の考え方とは全く異なっていた。打たれる者も打つ者もそのことは残酷とも屈辱的とも考えていなかった。バーティによれば、少年の中には拳骨で殴った容疑で捕まえられた者もいたという。多くの他の者はこの非行を本気でやって、非行に対する格別な鞭打ちを見る楽しみのために悪さをする者もいた。これは自分が鞭打たれるのはおそらく辛くはなく、自分も思いとどまることはないと思う事実がある。当時の少年たちは鞭打たれることをほとんど伝授儀式だと考え、怯まないことは手柄だと思われ、鞭打ちされることは本質的に犠牲者に恥をかかせることであるが、それに向かっていく勇気はどんなことであれ、当然馬鹿げたことと思われただろう。鞭打ちされることで心を乱されることは、軽蔑心を起こさせることで、同情心ではない。そして快感を起こさせる可能性は今では疑わしい。

イートン校を卒業してまもなくの頃、バーティは初めてバッツフォードを訪ねた。バーティは有名なギリシャ語文法学者W・E・ジェルフによる、オックスフォード大学に入学するための指導を受けるためにウェールズに向かう前に、偉大なる独裁者であるリーズデイルと一緒に狩りや射撃をしながら四週間を過ごした。ジェルフは厳しい学者であったが、バーティは彼と上手くやっていた。彼は一八五五年の一月から十月までウェールズに滞在した。かなりの分量の偉大な古典の作家たちについてや、細かな文法的な詳細まで勉強した。このことによって彼はクライスト・チャーチの候補者試験に合格した。

しかしながら、一旦オックスフォード大学に入学してしまうと、バーティは学者への狭い道を続けていけないほど生活を楽しんでしまった。ジェルフの許にいる頃は他に気を散らすことがなかったから、彼の強い心は手許の勉強に集中することができた。クライスト・チャーチでは色々な誘惑があり、全体として誘惑に屈していた。ヴィクトリア期のとても重大な時に「遊んで暮らしていたこと」を彼は『回想録』の中で自分自身を酷評していた。オックスフォード大学では誰もがするように慈善事業を行った。賢人たちに会うことから、有名な東洋学の学者であり言語学者のマックス・ミューラーによる、クライスト・チャーチの公宅でのかなり長期の講演を記録する作業を行った。しかし大部分の時間は、当時は手にグローブをはめないで行うスポーツであったボクシングに費やされた。今では「スポーツ施設」として知られているような場所はほとんどなく、お互いの部屋をスパーリングの練習場所に使用し、指導を受けるためにロンドンからプロボクサーを雇った。バーティは手袋をはめない方式を守っていたが、しばらくしてからは取って代わられた。「疑うまでもなくとても醜い、手荒いものであった。おそらくグローブをしている時より危険性は少なく、顎にフックを掛けたり、心臓や致命的な臓器に強いパンチを打ったりした」。オックスフォードでのスポーツは一般的に組織化され始めたばかりであった。今と同じように夏にはクリケットやボート競技があったが、冬の娯楽は狩りであった。まだサッカーは少ししか行われていなかった。バーティはサッカーをスポーツとして認めており、低学年の学生たちは優れた選手であって、我々より健全な生活を送っていると述べている。

学位を取得するための第一次試験を受ける時期が近づいたため、バーティは普通なら二年間かかる分量の読書を六週間で詰め込み勉強をしなければならなかった。普通の基準なら成功していたように思えたが、少なくともある点では二番手になった。候補者試験の合格者としては、この結果は失敗となってしまった。

しばらくして、彼は外務省の内示を受けた。さらに二年間大学に在学して、「重要人物」の座を取得するよりもよいと考えた。彼の選択はおそらく正しかった。習慣が一度身に付くと、オックスフォードで身に付いた怠け癖を振り払うことは難しかった。その上外務省は彼の家族のように親しみがあった。父親はオックスフォードを中退して外務省に入省したし、兄のパーシーもしばらく外交官であった。

第2章　外務省

バーティは一八五八年二月に外務省に入局した。その年に二十一歳になった。その頃にはタイプライターもカーボン紙も発明されていなかったので、新人の事務員はすべての書類を筆写しなければならなかった。

このような状況であったが、彼はアフリカ局での仕事に充分満足して落ち着いており、外国配置に着ける最初の機会を狙っていた。その課は、ニューヨークにある英国公使館から外務省に届く交易を行っている船舶についての奴隷貿易の抑制を指示していた。そしてその詳細が実務を行う海軍省に回送されるよう伝票に複写された。バーティは奴隷の登録者としての仕事を始めた。彼はその仕事に探偵的な興味を覚えた。

バーティが偉大な探検家であり、アラブ研究家であるリチャード・バートンを知るようになったのはアフリカ局勤務時代であった。トランガニア湖の発見後に帰国してからバートンはゴリラのような動物が存在するかどうかについての議論に興味を持つようになった。チャイルドと呼ばれる旅行者がある動物について述べていたが、それはお伽話に出てくる動物だと言った。雪男やネス湖の怪物について同様の議論が湧き起こった。バートンはアフリカに行って調べたいと思った。しかし彼はインド陸軍の大尉であったので、その地域に行くことのできる唯一の方法はその地域の顧問官の資格を得ることだけであった。フェルナンド・ポーのスペイン領植民地の統治官に指名され、その地域について情報を入手するために外務省に出向いた。そこでバーティがバートンに様々な情報を説明する役目を任された。二人は意気投合し、やがてバートンはバーティに自身の副官となって一緒にフェルナンド・ポーに行くように半ば説得された。バーティが後に述べた言葉は「幸運にも父親が同意してくれた」であった。バートンにとってはゴリラを発見することはなかった。

バーティの勤務時間は現在の考え方では奇妙で、そしてまたかなり融通の利くものであった。外務省もバーティに対して彼が好きなことを何でもできるだけの時間を許してくれた。局員たちは一番速くても午前中に出勤することはなかった。一方仕事が重なっていなければ、夕方も七時頃には退庁するのが普通であった。それでも時々遅くまで働く者もいた。バーティは午前中暇な時は絵描きのレッスンを受けた。またフェンシングや体操をした。夕方は活動的な変化に富んだ社交生活を送っていた。彼の書いているところでは、「外務省に勤めている者は絶えずパスポートを携帯し、政治的にも外交上にも文学界や芸術界においてもすべての面で役に立った」という。彼は利口で社交的でもあったので、これらの利点を充分に利用した。例えば彼は、フランスの大使から気の利いた若いパリジェンヌのグループのロンドン見物の世話をしてくれるよう頼まれた。その中の一人はマーキス・ドゥ・

ガリフェトであった。彼は若い装甲部隊の士官で、後に一八七一年のパリ・コミューンに対しての無慈悲な報復行為で有名になった。この時に出会い、感動を受けたのがベンジャミン・ディズレイリであった。彼は既に代表的な保守派の政治家であった。ある昼食パーティの時、ディズレイリ夫人の隣の席に座った。突然夫人が彼の方に振り向いて「ディジーがあなたの方を見ている」と言った。時はこれこそその機会であることを示していた。バーティはまたパーマーストン夫妻のお気に入りにもなり、パーマーストン夫人の土曜茶会に度々出かけていた。田園の週末の様子は知られていないが、オランダ・ハウスやその他の当時の重要なサロンに出かけていった。彼は音楽好きで、オックスフォードを卒業するとすぐに第一コルネット奏者としてアマチュア音楽協会のオーケストラに加わった。彼の友人のヘンリー・コークは彼自身のアマチュアのバンドに彼を参加させた。一九〇五年には「トラック・オブ・ア・ローリングストーン」の中で彼のことを、その当時の一番優れたアマチュアのコルネットとトランペット奏者だと言っていた。このようにして彼はその当時の最もよく知られた音楽家や歌手たちの多くを知るようになった。有名なソプラノ歌手ジェニー・リンドや指揮者のコスタのもとで彼は演奏もした。そして彼はトマス・ビーチャム卿と同じ程度に毒舌家であったらしい。バーティはディナーでサッカレーと会っており、前ラファエル派の芸術家ジョン・ミレーと一緒であった。彼はまたプリンス・オブ・ウェールズとも知り合うようになった。一八六三年の彼の結婚式では先導者の役を務めた。

反対に彼はまた、グローブなしのボクシングにも興味を持ち続けていた。その頃にはそれは既に非合法ではあったが人気はあった。一八六〇年の英国人と米国人との間の有名な世界選手権大会も見ており、その大会はファーンボローで秘密裡に開催された。最後の瞬間に警官によって中止させられたが、タイムズ紙詠み人知らずの欄で後になって取り上げられた。外務省の上司たちが非合法な行事に参加していたのに反対し、警官が彼を逮捕するのではないかという恐れは、彼の説明のどこにもなかった。おそらく多数の人がいて、安全だと思っていたのであろう。見物客は一万二千人ほどで、その当時の公共サービスは、現在ほど不必要な事柄に対してと同様に、本当に大切なことにも些細な事柄に見る兆候があると思っている。

同時に本当に重要なことは、より信頼できるようにしなければならないことは指摘するまでもない。外務省の当時の上司たちはバーティが到着するとすぐにこのことを言った。「ここでは何も隠しごとはない。誰もが信頼されている。何もお前に隠していることはない。しかしお前は何も喋ってはならぬ」。そして万事が進められた。何年も経ってから偉大なヨーロッパの財務官は、彼はその人物の名前を言わないが、バーティに英国外務省は情報を手に入れることのできない唯一の場所であると言った。その当時、情報を自由に流すイデオロギーの反逆者は許されなかった。

バーティの最初の外国赴任先はロシアであった。それは一八六三年から六四年の冬期の六か月の一時的な交換人事にすぎなかった。しかし彼はそれを充分に活用した。一つには言葉を覚えた。三か月未満でアレキサンダー大帝自身とロシア語で話ができるぐらい流暢に話せるようになったが、陛下がフランス語に戻してくれたので安心したとバーティは言っている。

この事件は個人的なディナー・パーティの時に起きた。数人は皇帝がこの若い英国外交官一人と話をしたのに気づいた。この理由は記憶に値する、というのはバーティがどの程度の熟練さで話したかを示しているからである。目上の人と話す時は正しい態度で、上品さを身に付けて話すことをバーティは知っていた。皇帝が他の若い外交官たちと一緒に席に着くのは初めてのことであった。皇帝はそれぞれの外交官と二、三言葉を交わした。バーティがオックスフォード大学にいたことを話すと、皇帝は「ああ、私もオックスフォードにいたことがある。公衆弁士としてラテン語で挨拶をして敬意を受けた」と言った。

私は「皇帝は挨拶の言葉の意味を理解していなかったのは確かだと思う」と言った。

彼は、皇帝に考える時間を与えられるように話すのをやめていたように思う。雲がジュピターの眉の上に集まってきて、空中で雷が鳴り始めた。「私はロシア人の皇帝であるが、ラテン語が理解できない愚か者であると口に出して言っている生意気な若者は誰だ」とまるで人間の言葉であるようにはっきりとその雲は言った。

「原因は私たちの奇妙な発音が原因です」と私は続けて言った。

するとそれらの雲は消えてゆき、太陽が再び輝いた。世の中はすべてがよくなった。

（『回想録』より）

オックスフォードの代表演説者はその当時、勿論ラテン語を、まるで英語と同じようにすべての文字を発音していた旧式の発音法と言われていた方法で発音していた。外国人たちはこのことをとても奇妙に思った。

大使館の彼の同僚やロンドンの友人たちによって準備されていた契約書によって、バーティはロンドン時代と同じ程度に、変化に富んではいないが活発な社交生活を送るようになった。事の性質上、彼は主に外交的な集まりに行ったり、宮廷の有名人たちとしばしば顔を合わせたりしていた。ただ、一度だけれども、偉大なロシアの作家の一人と同じ部屋に入ったことがある。それはツルゲーネフであった。彼は細長い部屋の反対側にいた。そしてお互い話をすることはなかった。彼はロシア人がその当時の英国の小説家とても親しいことを知った。バーティの友人のサッカレーは特に好まれていた。そしてバーティは決心して彼にサッカレーの作品がロシアでどんなに大きな称賛をうけているかを話した。不幸にも彼が帰国する前にその小説家は死んでしまった。

見た目でロシアはバーティを魅了していた。サンクトペテルブルクの優雅な宮殿は上品な人々の輝くような社交場となっており、軍事行進や宗教儀式などの流行に合ったものや華やかな見世物が好きな人々に強く訴えた。バーティもまたモスクワを訪ね、さらに外国的な見世物に異なった面で感動をうけており、またイワン雷帝の記憶やナポレオンを退却させた大火のことを考えると心を曇らせた。

政治的に言えば、バーティはロシアの制度に反対する特別なものは何もなかった。ツァーリズム独裁主義に対する自由主義の反対に関連する彼の評価は非常に低く、わざわざそのことについてとやかく言う必要はない。検閲制度は彼を少し悩ませていた、しかしそれはかなり行き当たりばったりで、言論について実際はかなり幅広い自由が許されていた。バーティの言葉によれば、大使は彼に忠告をしていた。すべての通信物は外交官鞄に入れること。郵便局経由のすべての手紙は開封されること。彼にロシア語を教えた男は当局者に後を付けられていること。それはただ単に、ポーランドから追放されたばかりのタイムズ紙の通信員に彼は以前教えたことがあったからである。バーティは憤慨の様子もなくこれらのことを述べている。彼はそれらはその国の仕来たりだと思っていた。

すべての主義を根づかせる会話と同様に、その権利だけでなく心地よさによって、一つの国の政治的な状況を判断したのは事実である。例えば政府の権利として、それが実行されない限りは報道を検閲するのは許されるとする立場であった。国民の実際の状況についての名目上の保証とか民主的な憲法の効果は自由主義者が強調しがちだが、割り引く傾向があった。一八六三年のポーランドの反乱の問題に関して、その問題は解決される最終段階に入ったばかりであったが、バーティはロシア側にバランスを置いて意見を述べている。バーティは彼らがその問題に取り組み始めたことを認めている。ワルシャワは不満に溢れていたので、帝国政府は一八六三年一月ポーランドで徴兵制度を導入し、陸軍の運用を選択したが、これらは危険だと彼らは考えていた。このことはテロリストの反乱の結果となった。それは一九二二年にアイルランドの自由州が独立を勝ち取った場合と同じであった。その時の方がはるかに野蛮的であった、勿論無慈悲なほどに抑圧されていた点を除くが。バーティはこの残虐行為に目をつぶるのでなく、多くのロシア人がそのことを嘆くのと、西部まで到着したポーランドに対する残虐行為の話は誇張されている、とだけ言った。彼らは拷問されたり、鞭打ちされたりすることはなかった。例えば、それらは合法的な処置としてであった。情報を引き出そうとしたものではなかった。鞭打ち刑は、英国においては市民生活や兵役生活においても現在我々が見ている以上に普通のことであった。彼の時代ではより現実に思われる差別である。

他方、ポーランドに対する行動の説明はより現実的であるように思える。

南北ポーランドは劇的な感情を持ったが、政治的な後ろ盾を利用した下劣な犯罪に取り囲まれた大家たちであった。ある悪漢たちは強盗、略奪、放火その他の醜態で死刑を宣告された。まもなく、彼は政治的な英雄や殉教者として称賛された。ワルシャワの人々は深い嘆きに暮れ、彼に名誉を与え、犠牲者に立ち会った。政府に対しての人々の憤慨は強まり、さらに重要なことは、扇動者たちへの憤慨が強まり、外国の通信員の親切な心の持ち主たちに感動していたことだ。

当時の英国外務大臣はラッセル卿で、ジョン・ラッセル卿として名前が知られているが、自由党の政治家であり、前首相で、国際的な問題の道義主義的な介入への傾向を持っていた。ラッセルの悪口を言う一人であるバーティは彼のことを、干渉し混乱させるだけだと非難した。ラッセルはバーティが彼の『回想録』の中で絶えず非難していた数少ない人の中の一人であった。バーティはラッセルを諸国の中で英国の信望を低め、もしベルギーが一九一四年に攻撃されなければ英国は動かないだろうとドイツに思わせて、その結果ある意味では第一次世界大戦の原因になったと思っていた。

この特別な非難には大変無理なところがあるが、しかし確かに英国の政治家たちは時々引っ込まねばならない時、あるいは本当の援助を得られないと思った時、高い道徳的な方針を採る習慣があったことは確かである。そのことはクロムウェルの時代まで遡ることができる。そして、バルト派についてのミルトンのソネットでは「復讐だ。おお主よ。逆殺された聖人たちよ……」とある。これは英国人のピューリタン的な表現である。ラッセルはこの道徳主義の実践者である。

グラッドストーンがそうであったようにラッセルはこの道徳主義の実践者であるが、ずっと後になって、一九三〇年代の労働党の指導において、より素晴らしい発展を達成し、ヒトラーに反対し、武装解除を求めた。そのことがアメリカ合衆国にも当然やって来て、ピューリタン的な考え方の一分派となった。だからラッセルはまた、ウィルソン、ルーズヴェルト、カーターなどの大統領たちや、十四か条、大西洋条約、国際連合の枠組みなどの前兆の役割を果たした。

一八六三年のポーランド問題では英国と仏国の両国民の意見の状況により、いくらかの反応を示すことを強要したが、両国政府が協力してポーランド問題に関して友好的な仲裁が行われなかったとバーティは思っていた。ラッセル卿が行ったことは外交上の覚え書きの形をとり、ある程度の譲歩がなされない限り、戦争は避けられないと脅していた。ラッセルとは反対の立場のゴルチャコフ首相はラッセルが話し合ったことを知らないためその譲歩案は拒否した。このことによって、ラッセルは退くことを強いられフランス側はかなり失望した。特に十七世紀にポーランドがモスクワを占領したことがあり、ポーランドを恐れていたロシア側の歴史的な理由を無視していたラッセルを非難した。一九一八年のポーランドが革命後の市民戦争後の期間に、ロシアが弱体化しているのを利用して広大なウクライナ語を話している地域を併合したことで、このことが真実であることを証明していた。

少し経ってから、まだバーティがセントペテルスブルグ勤務中であった頃、シュレスヴィヒ＝ホルシュタイン間の危機が発生した。この領地はデンマーク王に属していたが、複雑な法律上の条件の下で一八六四年にデンマークからビスマルクのプロシアに奪い取られたものであった。そこはキールの深海部を含んでいた。そこは長期間プロシャが海軍を創設できる重要な土地であった。ポーランドの場合ロシア側があまりにも好戦的であったとバーティは思った。デンマークの場合不平は充分強いものとは思わなかったが、今回は英国にとって致命的な利害関係があるとバーティは思った。彼はロシアはすでにドイツを併合し、支配しようとしているのは明らかで、キールを手に入れるべきではないことを非常に重要と考えていた。ロシアとフランスはまた基本的にはビスマルクの意図に反対していたが、フランスはドイツ海軍の強力な優位性の可能性を見て、英国海軍との優位性とを比較していた。ラッセル卿としては、シュレスヴィヒ＝ホルシュタインに対するロシアの計画は全ヨーロッパに対して明らかに反対であった。しかしながら、その時突然ラッセル卿は譲歩した。バーティは二月のある夜中に呼び出され荒れ狂うサンクトペテルブルクの吹雪の中、大使宛ての電報を判読し、英国はデンマークのために干渉しないことをロシア政府に伝えるように大使に伝えた。ネイピア卿が政策変更をゴルチャコフ首相に伝えに行った時、ゴルチャコフ首相はポーランドに対してまだ気持ちを害しているラッセル卿の立場から、傷口に塩を塗る想いで反対することができなかった。彼は「だから、私は英国の名誉の問題として戦争をしようとしていると仮定することは、除外できる」と言った。バーティは英国大使が聞けば素晴らしい言葉だったろうと論評している。しかし彼は心の底ではこの特別な条約の義務は英国にとって重要な結果をもたらすものであったと思っていた。ラッセル卿は外務省から名誉だけでなく特権も認められた。

一八六四年五月にバーティは外務省に戻った。しかし再び外国に送られる予定で次の機会を待っていた。その年の十月、休暇が予定され、使者としてトルコに旅行することになった。バーティはこの旅行を大いに楽しんだ。いつものように自分で計画し、大いに各地に出かけた。アイダ山に登ったり、小アジアのギリシャ遺跡を見物したりした。遺跡は現在のように発掘して復元されているよりも、要塞のために盛んに略奪されていた。本国に帰る途中にはコルフに滞在した。そこはごく最近まで英国が占領していた。バーティの宿舎の主人は、イギリス人が去ってからは何の仕事もなくなり、島全体の仕事もなくなったと言っていた。バーティは一人の気持ちのよいロシア人と偶然会った。そしてその島はとても重要な中心地になりえるだろうと言った。そして「あなたの国のラッセル卿は何をしていますか」と尋ねた。ラッセル卿の黒星である。しかしながらこの旅行全体はわずか六週間であった。十一月の終わりまでに彼は公文書の複写作業をするためにロンドンに戻った。

第3章　中国公使館

彼は長く留まる予定はなかった。翌一八六五年二月、誰かが急遽北京に行く必要があった。バーティは上司たちを驚かせたらしいが、気軽に志願を申し出た。しかしそれは便宜がよいことであって、その任務につくことが承認された。バーティはその時ロンドンにいた北京の英国公使フレデリック・ブルース卿と連絡を取った。ブルースはハンサムでゆっくり喋り、利口な男であった。当時の外国人はイギリス人の外交官を無気力で狡いと思っていた。そしてブルースはまさにその通りの人物であった。彼はバーティと気が合い、バーティに中国で予期されることについて短期集中講義をしてくれた。

可能性として中国の公使館はどちらかと言えば危険な場所に位置していた、しかしバーティは中国でのどんな暴力にも立ち向かう気は個人的にはなかった。（日本は別問題であった。）法律や秩序の一般的なレベルはよく、国民は規律正しく穏やかであった。バーティは、中国人は自己防衛のために武装することは夢にも思ったことはないだろうと言っている。しかし外国人は嫌われていた。特に中国の実際の統治者であった皇太后のツ・シーにはそうであった。北京にある外国の公使館の存在そのものが政府の権威に対しての侮辱であった。公使館が認められたのは、英国とフランスの軍隊が一八六〇年のわずか五年前に侮辱的な条約の一部として強制的に押しつけられたためであり、その時の二年戦争の終末に北京は攻め落とされた。かなり後になって、一九〇〇年の同じ皇太后時代に、悲惨ではあるが在位していた皇太后は反外国人「ボクサー」たちに実際に領事館を包囲し、攻め立てることを奨励した。彼らは別の侵略軍に救助されるだけであった。街の中では外国人たちはしばしば「悪魔」と大声で叫ばれていた。しかしバーティの話では、田舎では彼らに対する人々の態度としては少し恐れを感じながら好奇心も抱いていたという。

フレデリック・ブルース卿はバーティに将来の仲間になる人々、特に有名な代理公使のトーマス・ウェイドについて少し話してくれた。ウェイドはブルースの後任者で、ラザフォード・オルコットが十一月に到着するまで公使館の運営にあたっていた。ウェイドは著名な中国学者であり、事実英国人としてこの分野での先駆者であった。ウェイドはその当時最初の英中言語教科書の一冊を執筆中であった。後に彼はケンブリッジ大学で中国語の教授になった。英国だけではなく多くの他の西洋諸国において最近まで標準語用法である中国語をラテン文字に字訳する、いわゆるウェイド・ジャイル方式を考案する手助けをした。（マオ・ツートンとテン・シャオピンはウェイド・ジャイル字訳書でそれに代わる方式に順応させるマオ・ジードンとデン・シャオピンに対応するものである。）ウェイドはまた優れた物真似をする人であった。ブルースはこのことをバーティに話していた。そしてバーティに、ギャラリー・オブ・イラストレーションに自身のことを追加してくれるかどうかをウェイドに尋ねてくれるように話した。バーティは『回想録』の中でそのようにしたと述べ、当然のことながら彼はウェイドについて充分よく知り合うようになるとすぐにフレデリック卿にそのように「して」くれるように頼んだ。ウェイドがバーティに語ったことによると、彼はかつて外交問題の大臣であったクン王子との交渉の時にブルースの通訳をしたことがあったと話した。クン王子は気難しかったので、遂にウェイドは自分でも認めているように癇癪を起こした。しかしブルースはとても要領を得ていなくて、葉たばこを吹かし続けた。クン王子はウェイドに君の上司は君のように心を乱しているようには見えなかったと指摘した。これに対してウェイドはバーティに向かって、「王子は立腹していない、興奮しているのは私だけです」と言った。「おお王子、私はとても立腹しています、と彼に言ってください」。それに対し、彼はクン王子と彼の取り巻きたちに微笑みかけ、タバコを吸い続けた。バーティはその物真似はずばりであったと言っている。

バーティは本国に長い詳しい手紙を送っていた。彼は『北京公使館』という一冊の書物を編集することにしていた。バーティはこの本を一九〇〇年に出版した。そして前書きとして少しばかり政治的な背景や何がしかの政策的な提案を書いた。例えばバーティは、中国が首都を北京から南京に移したが、そこは西洋の列強国が今まで以上に都合のよいように彼らを制御することができたと述べている。それよりかなり遅れて、バーティは極東問題の権威者として受け入れられるようになった。これには『日本昔話』のよく知られる成功に大いに拠っている。若い外交官として彼が感じたことからの中国への政治的な見解では、大きな革命が起こる証拠は何もない。西洋諸国が中国で貿易をする権利

について の全面的な強調がされていた。そして彼らの交易を取り締まり、必要な場所で「中国人に教える」ことに置かれていた。これらの権利を有するのは英国だけでなくすべての西洋諸国が中国関係の説明の中でバーティによれば許可されているという。ヴィルヘルム時代のドイツにも『回想録』や『続回想録』でバーティによって大変厳しい批判がなされていた。（しかし『回想録』やその他の出版物がその後も続いて刊行され、第一次世界大戦の期間中もバーティのドイツに対しての態度の進展は元に戻すべき主題である。）『北京公使館』の中での序文と同書の本論部を形成する交換文書との相違点は、彼の意見の傾向が異なっているが、その内容で外交については何も述べられていないことである。彼が直接感じたことや体験の描写が簡単に直接的に書かれているだけである。

北京までの旅行は三か月かかったが、この旅行の後半には香港、広東、上海、天津にそれぞれ数日間滞在した期間も含まれている。その旅行はイギリスの外交官たちや商人たちと友人になる機会を与えてくれた。だから北京に到着すると既に中国についての情報をいくらか入手できており、自分で見たことや宿舎の主人たちからそれらを得ていた。昔の中国帝国は通商で得た西洋の思想、技術、キリスト教布教活動の影響下にあって崩壊していた。軍事力が西洋の勢力を押し戻すためにしばしば使用されていた。しかし中国帝国はあまりにも広大で、実際には地方分権がなされており、衰退の過程は極端にゆったりしていた。例えば、バーティが到着した頃には他の地区では暴動が起こっていた。しかしその場所は充分離れていて、彼の旅行中に無秩序な事件に会うこともなかった。バーティは中国帝国の軍事力は大したことはないと思っていたが、その軍隊は反乱軍を打ち負かしたと記録している。

バーティは軍隊に大きな信頼は寄せていない。バーティは中国の軍隊はほとんどヨーロッパの軍人を頼りにしていると見なしている。

中国人の政治的な見解は全く保護下にあると彼は記している。バーティは交易の保護や彼らに都合のよいその他の目的のために軍事力で介入することを、ヨーロッパ人の権利として当然のことと見なしていた。一八三九年のアヘン戦争を行うことは英国側が間違っていたとは心にも浮かばなかった。だから英国の商人たちは中国の人々にアヘンを売ることができた。とにかくアヘンの危害は誇張されていると信じていた。一八六〇年の皇帝の夏の宮殿の過酷な崩壊に対して軽い後悔の念を述べただけであった。これは実際に恐ろしい文化破壊であり、彼の態度は文化人としてとても酷いひとりよがりなものであると思っている。別の文章では政治的な見方からこの出来事に意見を述べている。この行為を批判する彼の主な理由は明らかで、それは宮殿が北京から余りにも遠く、中国人がその教訓を無視することができるからである。バーティは北京自体の皇帝の宮殿が破壊されていた方がよかったろうと思っている。

北京は「埃と泥まみれで、広大で骨董品のような街である」と思った。街の非公式な豊かな場所や公衆の汚い場所は、表現するとJ・K・ガルブレイスが想像していた何よりも酷いものであった。街の通りは散乱しており、不潔であった。商店や個人の家には欠点のない細かな点まで気がつかわれていた。ゴビ砂漠から吹き込んでくる埃はしばしば馬の後ろ足の膝に積もり、バーティが世界中のどこよりも出くわさなければならぬ最悪のものであった。天候が雨になると泥に代わってしまう。乞食たちはある者は裸同然であり、不吉で憐れな光景であった。夏になると悪臭を出した。しかも彼の日記の中（一八六六年六月九日）で最後には北京を脱け出したいと述べている。「自然死した犬の肉を食べるためにその犬の尾を引っ張って歩いて行くクーリーが本当に羨ましく思った」。この表現はわざとらしくて、人の関心を引きつけることはない。しかし結局彼は北京が好きだったことを示している。一つにはここは骨董街であった。バーティが本気になって色々な物を自分や他の人々のために集め出したのは北京に来てからであった。これは彼の大きな関心事であり、何世代も下の家族の室内にも影響を及ぼしている。彼の孫たちのある者は中世やヴィクトリア朝のゴシック様式の品物に対しての好みを示す者もいて、彼が集めた十八世紀のフランス家具を称賛するなど、彼が東洋で集めた物の大部分は結局散逸してしまい、表面に大きな白い中国の文字が書かれている屏風は一世紀も後になってナンシーのパリの応接間で見ることができる。その屏風は純正主義者なら切望しただろうフランス家具の中でも溶け込んでいるように思える。

バーティがロシア皇帝と会ったことに相当するような出来事は、北京では起こらなかった。中国の皇帝内閣は、外国の公使館員を受け入れることを無理にさせられていた。しかしそれは西洋の外交的な慣例に従う必要性を感じたことを意味していない。新任の外交官に国家元首が接見するという考えは中国皇帝の場合には当てはまらない。反対に皇帝は非常に神聖な者と考えられており、滅多にないことだけれど、皇帝は行進して宮殿を離れることはあるが、一般人や外国の外交官を含めて皇帝が通過する時にその通りから離れているように警告を受ける。信任状を提出するのと一番近い同様のことは、外国人に対応するやや嫌な任務を行う宮廷の係員が、時々関係する公使館を訪ねる必要を感じた時に行われる。このような機会では皇帝に下級の新任の外交官を紹介することが準備される。しかし新しい大臣の場所は外務省と同等で、不便な建物で、入り口は台所からであった。

バーティが紹介された高官は同じクン王子で、フレデリック・ブルース卿と同じように比較的落ち着いているように思えた。クン王子は若い皇帝ツン・チイの叔父で、その名前で皇太后に仕えていた。公使館には二人の優雅な高級官吏と何人かの従者に先行されて到着した。彼は二十歳代後半の男で目立って痘痕があり、近眼であった。バーティの説明では彼は「同じように顔をしかめる癖があり、お互いが顔をしかめながら真向かいに座ったので、どのような風刺画になっているのだろうと思わざるをえなかった」（『北京公使館』より）という。彼は今話し合っている商売の話から、特に奇妙な時に、突然彼の目に留まった何か別の問題に替えてしまう癖があった。今回はバーティが掛けていた単眼鏡をふと見つけた。眼鏡は中国でもよく見かけるが、単眼の物は珍しかった。クン王子はウェイドとの会話中に何度もそのことに触れ、それは長く、明らかに愛嬌のある話であったが、勿論バーティはそのことは何も分からなかった。

このことはバーティに周囲をよく観察する時間を与えた。彼の説明では、クン王子のお付きの一人は偉そうぶる態度がはっきりしていたという。

ヘン・チーは小柄で痩せた老人で、素晴らしい人であった。彼は真珠色と灰色の絹のドレスに青色の折り返しをつけていた。彼の扇子ケース、箸筒、その他彼が身に付けている小さな装飾品には立派な刺繍がされており、種真珠や中国人が赤ん坊顔サンゴと呼んでいる特殊な曇りのあるピンク色のサンゴが付けられていた。彼のタバコ入れは最高級の翡翠あるいはエメラルド・グリーンで、当地ではダイアモンドと同等の価値があり、彼が持っている物の中で、自慢している大きな銀のジュネーブ・カブ時計ほど魅力的な物はない。彼の長靴は黒いサテンでできている。小さな銀の入れ物でパイプを所持し、豪華な翡翠の口金があり、甘い食べ物や丸薬やその他色々な物を入れていた。周囲に役所の赤色の飾り房が吊り下げてある白い帽子にはピンク色の翡翠のボタンが付いている（ヘン・チーは第一ボタンの官吏である）。そこから下に垂れているクジャクの羽根はもっと多くの翡翠に囲まれている。全体が頭の上に被る、幅の広い銀の環の付いているお皿と同じくらい大きく、一対の見事な見世物を身に付けているようである。この体格の小さな老人が自分でも満足している様子というのは今までにない（『北京公使館』より）。

次の日ヘン・チーは、ウェイドと共にバーティを朝六時に行われる軍隊行進の見物に招待してくれた。以前兵士であったウェイドは英語の練習書を翻訳したことがあったので、二千人の兵士の行進する様子を見て楽しんだ。西洋化は中国の軍歌には馴染んでいなかったが、十二人の楽士が巻き貝を吹いて演奏した。バーティには惨めな遠吠えのように思えた。大砲で事故が起きた。大きな弾が、火薬箱をまだ開けたままの時にその箱とともに爆発した。四人が傷を負った。大砲を管理する大佐がその場にいたが、竹の杖で強く打たれた。パレードが終わってからヘン・チーは豪華な晩餐会で外交官たちを楽しませた。バーティは中国の食習慣にはまだ慣れていなかったので、デザートで始まり、スープで終わる食事方法を奇妙に感じていた。中国人の食卓で一緒になった人々の最後の敬意を表す所作が終わるまで食べる気がしなかった。しかし他の料理は楽しんだ。異なった料理は六十種類もあった。それらのほとんどすべての料理を試食した。試食した料理はすべて美味しかった。確かに料理はとても立派でおそらく不健康だと思った。特にウミウシが美味しかった。その料理は海亀のスープを思い出させた。

真夏の間、公使館員やすべての職員は暑さを避けて北京から移動し、公文書の速達便を処理するために郵便が到達する日に間に合わせ、できるだけ短い期間に戻るだけであった。英国人は、空色の雲の寺院と呼ばれている仏教徒の修道院でゆっくり座るなどする。その修道院の泉や岩で造園された風景は、バーティがバッツフォードで表現しようとした庭園の好みに影響を与えていた。

その場所からバーティはたくさんの景色を楽しんだ。しかし彼の中心の仕事は中国語を習うことであった。彼のところには一人の先生が来ていた。痩せた老人で、強いニンニクの臭いのする人であった。そして中国語以外の言語は知らなかった。そこで、教科書に書かれてあることが何かさっぱり判らなかったので、始めの段階は難しかった。しかし、ウェイドはその当時英中教科書について仕事をしていたので、バーティに彼が準備した手書きのページを利用させてくれた。バーティは午前中勉強し、紙のうちわに習ったことを書き写した。その作業が一日中行われた。彼は言葉が判るようになると先生とあらゆる話題について話し合った。先生はバーティに医学の診断や予言、手相術の仕方、色々な特集記事の研究を教えた。バーティはその時に西洋の骨相学の技術を先生に話すことによって大成功を成し遂げた。頭をぶつけることに意義があるという考え方は中国には知られていなかった。しかしそれは中国の思考法と大いに一致していた。そこでバーティは自身の頭蓋骨の突起物に対する判断について先生役を演じた。どの程度実際に骨相学の伝承を知っていたか、どの程度ただ単に作り上げたかを言うことは不可能であった。いずれにしても先生も喜んでくれた。

秋までに外交官たちは北京に戻った。バーティは中国語について充分な役立つ知識を身に付けた。彼は今では訪問客を市内案内する役割に任命されるようになった。彼は常に骨董品店や騒々しい場所や悪臭を発する場所や限りなく魅力的なバザールを尋ねる言い訳をしているが、外国人の姿を見て興味を持って、時々街の人が通りでおしゃべりをしに近づいてくることがあった。このような時に一度教育を受けた人が尋ねてきたことがあった。「ヨーロッパで胸や背中に穴が開いている人を、召使いたちがその穴に竹を通して運ぶのは本当か」と尋ねられた。

彼はまた十五人もの犯罪人の集団処刑の様子を目撃したことがあり、その一人は殺人犯で、頭を切断された。他の者は絞殺される特権があった。それは中国人は生まれてきた時と同じ状態で身体を世の中から送り出すことが大切だと考えているために、罪の軽減だと考えられている。おそらくこれらの理由で殺人犯は喚いたり、呪いの言葉を発したりしていた。しかし他の二人の有罪者は喋ったりバーティと冗談を言い合ったりした。各々の犯罪人は、統括する役人の前で処罰の正当なことを認める形体をとらねばならなかった。それから正式の刑執行人によって処刑が行われた。どの場合も「情け深く急速に」実施された。鞭縄で絞め殺す中国式はずっと速く、絞首刑よりも人情味があると思った。

彼はまた広東の知人が八歳の女の子を金銭で購入した時にも居合わせた。買い手と少女の父親との間の長い話し合いがあった。その話し合いにその少女も参加していた。バーティが驚いたのは少女はその買い手を支持して、父親を打ち倒す手助けをしたことだ。少女は彼女の貧しい両親の元を離れることを熱心に求めていた。少女にはおそらく充分な食料が与えられていなかったのだろう。

バーティは中国の滞在中に、広範囲に亘り旅をした。彼は何人かの仲間と長城への旅行をした後は、明時代の皇帝たちの墓を経由して帰った。この時バーティは、住民たちは北京から離れるほどより友好的でありより裕福であることに気づいた。後になってから彼はモンゴルまで二回の長い旅行をした。その時モンゴルの住居であるユルトで幾日間も過ごした。そのユルトは何本かの棒とフェルトで造られ、小屋とテントを合わせたような物であった。彼は一八六六年の「青い雲」の場合よりはるかに楽しい寺院で高地の夏を過ごした。それから九月の末に外務省の命令で日本に向けて出発した。

第４章　日本の夜明け

バーティは一八六六年十月、土砂降りの大雨のなか横浜に到着した。海岸通りの人々は充分風変わりであったが、元気がないように思えた。彼は地味な色の上着をはおり、漆を塗った帽子を被って短剣を携えている下級役人たちや、びしょ濡れになっている干し草の山が動いているように思えた藁で作られた雨衣を着ている作業人たちに気づいた。周辺には数人の女性もいた。木の高下駄を履いて、カタカタと鳴らし、水しぶきをたてながら歩き、皮膚病の子どもを連れていた。富士山は濃い雲に隠されていた。

最初の数日間は彼のための宿所は見つからなかったので、その当時、横浜にあった領事館に泊まった。最初の日の夜、夕食の席で新しい同僚と会った。その時、ノーフォーク連隊所属の数人の士官たちもそこに滞在していた。公使は「老練の中国通」であるハリー・パークス卿であった。彼は抜け目がなく、薄茶色の髪の毛で短気であった。卿とバーティとの仲は誠に満足できるものであった。しかし、北京でウェイドに対して行ったような親密な態度は示さなかった。また、優れた外交官であり、日本語がとても上手なアーネスト・サトウ（後にアーネスト卿）もその場にいた。サトウは単なる通訳として仕事を始めたが、パーティが到着した頃には立派な一人前の外交官となっていた。しかし公的にはパーティ自身より下位の立場であった。この二人は色々な冒険的な行動を通じて親友となった。

最初の夜の話題はこの国にある「反外国人感情」と、これまでに数回領事館を襲撃してきたことのある浪人――仕える主家のない武士――に対する危険であった。その日の夜パーティは激しい音に目を覚まされ、浪人が襲ってきたと思い、通路に走り出た。しかし、浪人との出合いは少し後刻になってからであった。この特別な警報は地震によるものであった。

翌日までには雨は止んで太陽が輝いていた。午後散歩をしている時、頂上が雪に覆われ、海面から他に比べるものがないほどの円錐形の優雅な曲線を描いた傾斜が天空にそびえている富士山の姿を見た。その瞬間から、彼の言葉によると、「日本に対して熱病のような陶酔感を抱いた。そしてその気持ちは今日まで続き、私の生涯が終わるまで私の血の中で燃え続けるだろう」という。この感情が間違いなく彼が富士山の姿を見た時から始まっていると言われている事実は、日本人の慣習とほとんど奇妙なほど一致している。

中国では感じなかったのに、日本がパーティの気持ちをわくわくさせた本当の理由は、彼が甲冑を着けた騎士が好きであったからである。「このことは中世の華やかな相続財産の話がなかったら、悲しくて退屈な世界になっていただろう」と、長い年月の後一九一一年、著者クラブの会合での「日本の封建制度」という題目の講演の中で語っている。私たちは彼がどれほどロンドン塔のことを好んでいたか解るだろう。後年その塔の改修が彼の仕事となった。彼は中世時代の騎士道精神や華麗さ、すなわち、勇気、冒険心、忠誠心の信念を高く評価していた。彼は日本には明らかに文化的な相違点はあるが、中世ヨーロッパの精神と相通じるところが色々あるという事実に直ちに気づいた。それは、あたかも、彼には彼のお気に入りの時代に逆戻りすることを可能にしてくれるタイムマシンがあったかのようであった。先ほど述べた講演の中で、彼はH・G・ウェルズの小説『タイムマシン』（*The Time Machine*）を引用して、まさにこの点を述べた。中世のヨーロッパが封建社会であったという意味では日本はまだ封建社会であり、中国はそうではなかったが、その国なりに魅力的であった。十九世紀の中国での封建主義について話すならば、それは単に混乱状態であり、一つの帝国の官僚制度の下で村の領主たちによって治められている国家であった。外見的には封建国家のように見えるかもしれないが、騎士道的な名誉を尊重する精神はなかった。中国の兵士たちは騎士ではなくなってしまっていた、だから貴族階級の人々は彼らを軽蔑し、戦争は堕落してしまったという理由で、キリストの誕生以前に既に文官勤務における軍隊の職務を廃止していた。個人的な忠誠心は一般的な節義として大切であるとは思われていなかった。しかし日本では、侍の自尊心は明らかに自分自身の意思から進んで領主に対して自分の命を捧げる気持ちがあり、他の階級の人々はこのことから彼らに対して敬意を払っていた。

このように振る舞っていたのは侍たちだけではなかった。その様子は『日本昔話』を読めば充分に明らかである。それにもかかわらず、日本での封建時代の精神を典型的にしているのは侍であった。

そしてバーティの書物の中の一つの物語、四十七人の浪人の物語はその精神の最も良い説明書きである。その出来事は決して伝説的な話ではない。十八世紀の初期に実際に起こったことである。四十七人は侍たちであった、宮廷での礼儀作法を指導するために送られてきた男と諍いを起こしてしまった領主の家来たちであった。その領主の指導に当たった指導者は横柄であったため、その返礼に領主に無礼な行為を引き起こさせた。その結果その領主は腹切りをせねばならなくなり、彼のすべての財産は没収された。彼の四十七人の家来たちは領主のいない浪人となった。好機を待って、自分たちの領主の敵の屋敷を襲い敵を殺した。それから、浪人たちは自分自身が腹切りをする命令が届くのを寺院の中で待った。命令が届き、彼らは腹切りを実行した。浪人たちは公の秩序に反する罪を犯したので、死ななくてはならなかった。しかしながら、浪人たちの忠義の行為は、一般の声としてまた子孫のために英雄となった。浪人たちが埋葬されている寺院は特に厚く尊敬されていて、そのお墓は神社として敬意が払われるようになっている。この事実はおそらくその出来事自体以上にさらに独特な日本的なことである。

封建時代の精神がバーティによって高く評価されているのは、おそらく日本の皇室が憲法によって認められている君主制として現在なお存在している事実によるのである。国家は一人の支配者のもとに統合されるべきとする考え方による皇室は、日本が五世紀から取り入れている中国文化の大きな枠の中から生まれている。中国では統一された帝国は力ずくで達成されたが、統一と秩序が良好であるという本質的に合理的な理由に基づく一般の人々の感情によって支持されていた。中国国民は幾世紀に亘る無慈悲な仲間同士の戦いの厳しい方法でこのような地位を達成した。中国で重要なことは一人の皇帝が存在しなければならないという考え方であって、誰が皇帝になるかは二次的なことであった。もし一つの王朝支配が失敗したり転覆させられたりしたら、少しの一時的な不便が生じるだけで置き換えることができた。中国では帝国は一つの概念であった。

他方、日本では帝国は一つの族であった。一人の指導者を置くべきであるという考え方によって、その国の最も強力な首長の家柄にあると考えられ、個人的な忠誠心の考えによって歪められ、最終的にはほとんど宗教的な崇敬の対象となった。その一族は結果的には、西暦四〇〇年頃からいずれの地や一族よりも長く続いた連続の統治者となった。それ以来その統治者たちは敗北者たちの分け前を取り、一度に幾世紀もの間の実際の権力は全くなかった。しかし統治者が保ってきた尊敬心は、その統治者に取って代わるよりも天皇の名前で統治する方が、日本を統治する者たちには常に便利であるほど現実的であった。

出現し没落する王朝は、日本の実際の支配者である将軍の王朝であった。最も新しい将軍の王朝は一六〇三年に徳川家康によって設立され、家康の子孫である徳川慶喜はバーティが日本に到着した頃は将軍であった。バーティは慶喜が大名たちの連合部隊に転覆させられるのを目撃した。西洋からの挑戦状に対する将軍側の対応に不満足であった反乱軍は、睦仁天皇を隠居の立場から表に引き出した。睦仁天皇は聡明で度量が大きかったが、とりわけ大変有能な助言者たちがいた。彼らは力を合わせて徹底した近代化を推し進めた。改革を先導した大名たちの特権すら廃止した。すべての日本人は西洋の圧力によって課せられた日本の独立への危険性をはっきりと認識できたが、必要な変化を大名たちに受け入れさせることができるのは天皇の特権であった。さらに時代は下って、一九四五年に軍部の指導者たちは日本を原子爆弾攻撃の下の無条件降伏という理解のできない脇道に導いてしまった。睦仁（明治天皇）の孫、裕仁（昭和天皇）はその頃在位中で、面目を潰すことなく書類に印を押すことができた。アメリカのマッカーサー元帥は昔の将軍たちと同じように、天皇を正統の統治者の象徴としておくのが都合が良いと思っていた。裕仁（昭和天皇）は彼の先祖の天皇が英国の王室よりも長い期間権力のないまま崇敬されることに慣れてきたので、民主主義の下での合法的な世襲君主の身分に対して、英国の王室よりも容易に受け入れることができた。

バーティにとっては魅力的であったが、封建制度の日本は全く居心地の良い場所ではなかった。日本の武士の自尊心のある一面は、中国の場合と同じように西洋人たちに強い憎しみを持たせるだけでなく、時には襲いかかられた。バーティは常に拳銃を所持し、仕事中も机の上の自分のそばに置いていた。街の中でも侍は恐ろしい刀を持っていない者はいなく、いつ何時でも、外国人の姿を見れば、いらいらして、首から胸にかけて、切断されるかもしれなかった。聞かされている忠告は、刀の刃先が少しでも見えたら、すぐに射殺することであった。こういうことはそれほど頻繁には起こらなかったが、絶え間のない緊張に耐えられない者もいて、一人のイギリス公使館の見習い通訳は実際にそのために自殺してしまった。

バーティの領事館での最初の数週間は、物事は平穏であった。サトウが新参加者を横浜の市街地や秋の紅葉で輝いている周辺の田舎に案内してくれた。バーティはまもなく白い木と紙材で作られている、「人形の家と変わらないほど小さくて、脆い家」に落ち着いた。そこには背の低い数本の木とミニガーデンがあった。領事館の医師である、優しくて大柄のウィリス博士が隣の同じような住屋で生活していた。

数年前に領事館が浪人たちに襲撃を受けたために、後に東京と呼び方は変わるが、首都の江戸ではなく一時的に横浜に置かれた。ハリー・パークス卿が江戸に置くことを望んだので、パークスとバーティは領事館と護衛兵のための敷地を用意するために江戸にやってきた。彼らは四十七人の浪人のお墓がある泉岳寺の近くに二軒のベランダのある木造の平屋をみつけた。横浜に帰ってからのある朝早く、バーティとウィリス博士の家を含めて街の大部分を焼き払った火事が発生した。バーティはやっとのことで逃げ出したが、彼の犬を含めて自身の持ち物すべてを失った。彼の犬は群衆に驚き、燃えさかる家の中に駆け出していった。

政治的な平穏はまもなく終了した。将軍徳川家茂が十二月に死亡し、従兄弟の徳川慶喜が跡を継ぐことになった。それからさらに別の死亡事故が起きた。京都の神秘に満ちた宮廷に閉じ込められていた孝明天皇が、天然痘に罹り、一八六七年一月に死亡した。彼の後継者は十五歳の睦仁（明治天皇）であった。一方では、新しい将軍が大坂で外国の領事館の代表たちとの接見を行うと発表した。そして二月の初め、バーティはサトウと共に彼らの上司に代わって準備をするために軍艦に乗り込んだ。今回の訪問は表面的にはあった、作法や儀式の色々な打ち合わせをするのが目的であった。実際今回の訪問は、彼らに日本の重要人物の多くに会う機会を与えた。それらの人物は短期間ではあるが激しい内戦の双方の陣営を作る重要人物たちであった。

日本は一六三七－三八年の徳川家光の鎖国令に始まり、将軍たちの慎重な政策によって二百年以上の期間、他の諸国との交流からほとんど完全に閉め出されてきた。日本人はこのことに関しては満足していた。しかしながら、日本が世界から取り残されていたわけではない。日本の鎖国時代にはヨーロッパやアメリカからの船舶が今まで以上の数で、交易や漁業や冒険や征服のために世界中を航海していた。必然的に彼らは日本にも来たし、必然的に争いが生じた。難破した捕鯨船の乗組員に対する悪い取扱いに対する苛立ちや、交易の利益を当てにして行動を起こし、一八五四年に鎖国を決定的に終わらせたのはアメリカ合衆国であった。司令官マシュー・ペリーが将軍に鎖国を解くことを強制するために小型の船隊で派遣された。家茂は自分を守る海軍がなかったので、同意せざるを得ないと感じていた。しかしこのことが彼の評判を悪くした。大領主や大名にとって、将軍は結局大名たちの中での第一位でしかなかった。初代の将軍はモンゴル人を閉め出すために指名されたのであった。そして彼の正式な肩書は征夷大将軍で、意味は野蛮人を撃退する軍司令官であった。もし野蛮人を撃退しないで彼らを受け入れたら、将軍の役目は何だというだろう。宮廷の廷臣たちも同じように感じていて、一八六〇年頃より将軍を引き下ろそうとする動きが大名たちの間でとても慎重に始められた。誰もが用心深かった。幕府側は至る場所にスパイを配置していた。すべての貴族たち（大名）は将軍の目が届く首都にしばらくの間滞在しなければならなかった。そして、留守にする時は家族を人質として残していかなければならなかった。しかしこれでも企てられた計画をやめさせることはできなかった。

バーティが日本に到着する頃、それらの各陣営は紛争を起こす準備に数年掛けていた。一方将軍側は彼自身の強力な徳川一族の武士や旗本、同盟を結んでいる下級大名、その上多数の独立大名が宮廷を隠れて支援していた。そして大坂では、大名たちが新将軍に対して真実であろうとなかろうとも、敬意を表そうと待機していた。将軍側からも不満武士側からも、両側の代表者がバーティやサトウを訪ねてきた。両側共に特別な思惑を持っていた。外交官たちは、将軍に反対している人々と話をする時には特に注意しなければならなかった。しかし二人はその後の数十年の変遷の期間に、指導的な役割をする多くの人物に会った。そして彼らに議会実務を含め、ヨーロッパの政府の方式についての情報を提供した。侍でない一般の人々の間では、外交官は敵意の対象よりは好奇心の対象であった。「我々の住んでいた場所の通りは見物人で大変混雑していて、ほとんど通行できないほどで、大坂の行商人や大声を出して呼び歩く商人が我々の泊まっている寺院の外側で定期市を開催していた。その場所で果物や菓子、安価な玩具などを大きな声を出して売っていた」。バーティもまた漆製品や錦織の製品など、自分自身の買い物をたくさんした。バーティやサトウは、彼らの外見や服装を見てびっくり仰天して見とれている群衆を追い払うための護衛がいなければ、このような遠征はできなかった。

バーティとパークスは一八六七年五月に将軍を訪問した。将軍は豪華な大坂城の内部に宮廷を持っていて、特別室の壁には金粉が塗られ、素晴らしい鳥の絵が飾られていた。将軍はパークスとヨーロッパの流儀で恭しく握手をし、ヴィクトリア女王の健康を祝して乾杯をした。バーティは徳川慶喜が日本で最も外見の良い男だと思った。

英国は将軍側と理性のある個人的な関係を維持していたが、将軍の敵対陣営が近づいている戦いで勝利することを密かに期待していた。フランスは反対の意見を持っていた。大使レオン・ロッシュは元軍人であった。彼の主な経験は北アフリカでの経験であった。だから極東に関しては英国の同僚より知らなかった。より正確な情報によって英国は、将軍と幕府の立場が法的にも事実上でも外見ほど強力でないことを理解していた。結局外国人たちは法律上、絶対的な統治権者である天皇と直接交渉する必要があった。条約で他の誰も代理はできないと決められていたからである。このことを認識すると英国は、将軍が没落することを期待するだけに止まらなかった。英国はその目的に向かって陰謀をはかった。一方フランスと英国の大使はお互い憎み合っていたので、一歩先んじると言われている政策を行うことにした。ロッシュはフランスの軍事使節団に将軍の軍隊の訓練を申し出た、するとパークスは平等にするために、海軍を創設するための使節を呼び寄せた。バーティが言っているように、驚くほど素晴らしい日本の陸軍と海軍の基礎はイギリスとフランスの大使たちの嫉妬心から出来上がったと誰が予見できたろうか。

二つの政策のなかで、フランス案は誤解されたものであることが解ったが、領事館のスタッフにとってはより容易なものであった。それは幕府を説得して波止場や軍需工場などの独占権をフランスに許可することを説得しようとすることであった。英国側の見解は結局正しかったが、この情勢の下で実行することはより難しかった。なぜならこれは依然幕府と良い関係を保っている力のある不満を持つ封建時代の領主たちと接触することが含まれていたからである。このことは外国人排斥感情がもしあるとすれば、将軍に直接支配されている地域よりも外様大名たちの地域の方が一層強いので、より狡猾な方法が必要であった。この方策を実施するために一八六七年八月、加賀藩の中心金沢にバーティとサトウが送られた。

加賀の領主は日本で一番裕福であるとの評判であった。来る争いで加賀の領主の立場は依然中立で、その他の外様大名たちとは違って、自分自身の理由で外国人といかなる関係も取らなかった。パークスは加賀藩との交渉を希望した。特に、陸地に囲まれた好都合な地形の港である七尾港と外国貿易を始める許可を得たいと希望した。

バーティとサトウが出発したのは七尾であった。パークスと共に北日本の調査航海で、三隻の英国船で七尾に着いた。その航海には護衛と忠告のために幕府の役人も乗船していた。パークスは加賀藩の二人の使者と交渉した。その会談はかなり悪い方向に進んだが、パークスはバーティとサトウを金沢に送りたいと言った。そして金沢から大坂に行き、大坂でパークスと再会した。加賀藩の交渉相手はこの提案をやや躊躇気味であったが承認した。しかし幕府の役人たちはこの提案に少しパニック寸前であった。役人たちの見解では災害が起こる危険性があるということであった。地方に居住する者たちは英国人の強引な遠征に立腹して、二人の外交官を殺害することを考えていたかも解らなかった。幕府の役人たちは引き継ぎの時点で二人は元気であることを証明する書面の受取書を加賀藩の掛り人から受け取ってから、二人は出発した。二十人の護衛が彼らに付き添った。

最初は万事うまく進んだ。彼らは交互に歩いたり、馬に乗ったりして美しい景色の中を進んだ。宿舎はよかったし、唯一の不便なことはどの村でも町でも彼らを見ようと集まってきた群衆であった。交渉自体は和やかな話をすることに成功した。サトウは回想録の中で、バーティがその藩の首長の代表者に対して立ち上がって話をした美辞麗句の演説の高鳴りについて述べている。七尾が自由貿易に解放されれば彼にはうれしいことであるが、もし正式に解放された港となっても、将軍側の政府はそれを差し押さえるのではないかと心配された。

加賀を離れてからバーティとサトウは殺害されるところであった。日本側の役人たちは激しい議論の後二人に対して、大坂への直接の順路であった大津と呼ばれている場所を遠回りするように説得してきた。もし役人たちが書面で要請してくれれば、これに従わざるを得なかったとバーティは言った。後になってわかったが、土佐藩の一隊が二人の外国人を殺害するために大津で待機していた。「この事件の面白いのは、幕府の役人たちに我々を救う気持ちが少しでもなかったら、我々に道順を変更するように説得していただろうかという点である」とバーティは言っている。こんなことがありうるだろうか。幕府の役人たちは何が計画されているか充分知っており、またなぜ役人たちが道順を変更することに執拗だったかが疑われる。バーティとサトウは幸運であった。二人が大坂に戻ってから間もなく、何人かの武士が二人の英国人の水夫をたたき切ったという話を聞いた。さらに後日江戸で、バーティは誰かが近寄れば物音がするように、庭の通路の上にトリ貝の殻を撒くことで自分自身の命を救った。このような方法で彼の姿を見て逃げ出した五、六人の略奪者たちに目を覚まされた。そして彼の中国人の従者が起き上がり、銃を発射した。また別の機会で、バーティは血一面の中に横たわっている頭部のない死体を見つけた。バーティの説明では、その頭部はおそらく被害者が殺害した誰かの墓の上に置くために持って行ったとのことであった。

やがて将軍側の勢力は各藩を制御することが一層難しくなり、衰退していった。バーティとサトウは一八六七年十二月の大部分を権力の中心地である大坂で過ごした。

今回の訪問の目的は大坂を外国貿易に開港する準備であったが、日本の重要人物の多くもまた大坂に集まっていた。巨大な藩の有名な代表者たちが集まっていたので、多くの政治的な議論がなされた。巨大な藩のほとんどが変革を主張しようとしていたのは明らかであった。幕府はもはや首都江戸を制御できなかった。重大な交渉が京都の天皇の宮廷で進められていた。転換期が一月上旬に訪れた、天皇は将軍と連合を組んでいる、藩から来ている天皇の身辺護衛隊を解任できると感じ、大名側から来ている他の隊員を選んだ。

それから将軍は一月七日に彼の軍隊と共に京都から到着した。武装したいくつもの部隊が進行してきた。バーティは幾人かの武士に話しかけ、彼らが大変礼儀正しく、将軍のためにいつでも命を懸ける用意ができていることを知った。続いて本隊が到着した。バーティの説明を省略することなく引用する価値がある。

これ以上贅沢で不思議な光景を想像することは難しいだろう。西洋式のライフルで武装している歩兵もいたが、槍、弓、矢、変わった形の鎌刀、短刀、短剣を持った旧式の鎧を身に付けた田舎の侍もいた。それはあたかも、中世の源平の戦いの古い絵の中から出てきたかのようであった。彼らの陣羽織は、伝令官の官服とは似ていないが婦人の乗馬コートのように様々な色彩がつけられていた。漆と鉄で作られた酷い面は勿体振った頬髭や口髭で飾られ、馬の毛の長く垂れ下がりのある鬘《かつら》の羽根飾りのヘルメットをかぶっていると、どんな敵も恐怖心を抱いたろう。彼らはまるで悪夢の中に現れるお化けのようであった。間もなく騎馬の一隊が姿を現した。日本人は皆平伏し、尊敬と畏敬を現して頭を下げていた。軍隊の中頃に、忠実な味方の会津と桑名の武士に付き添われた将軍がいた。将軍は疲れ切って、落胆しているようであった。右も左も見ないで、頭は黒い布で覆われ、何も気づかないようであった。慣例に従って、門の前で将軍を除いて下馬し、将軍は乗馬したままであった。

フランスとイギリスの公使の相違点は、大変中世的なドラマのこのような場面でやや滑稽な提案をしたこと、ロッシュは自分でその場面を準備したことだ。これを聞いて、パークスも同じようにしたいと主張した。結果として、さらに多くの差し迫った心配があった将軍は両者の意見を受け入れたためロッシュの気持ちを苛出たせた。バーティはその場に居合わせていて、将軍が内戦を避けるために自分の意思で京都から立ち去りたいと要求していることを耳にした。これは誰一人裏切らない面子を立てる方式であった。

しかし彼の軍隊は戦いをしないで済ませることはできず、その戦いは一月二十九日伏見で起こった。将軍の部隊は六千人に対して一万人であったが、宮廷側が領主たちを支援していることが知られるようになると、将軍側の支持者たちが反対側に転向した。戦の後半には司令官も含まれていた。

内乱は短期であったが、激しい戦いであった。法律も秩序も守られなくなり、村が焼き払われ、略奪が横行した。パーティは毎晩空にいくつもの炎が反射しているのを見た。そこで、伏見に着いた翌日、将軍は公使館員にもはや彼らを警護できないと伝えた。英国人たちは大坂から兵庫に出発した。大部分は満員の船に乗り込んだが、バーティは乗馬の警護人をつけて陸路で行くことを説明された。吹雪の中で道に迷い、二人は落馬して、田んぼの冷たい泥の中に入ってしまった。数時間後、彼らは川のそばにある大通りを見つけた。そこには川を横切るために待っている数百人の日本の侍が居た。その人々が誰かは分からなかったのでバーティは心配していたが、その司令官は友好的であることが解った。儀礼的な挨拶でその司令官は彼の隊員を渡らせるためにバーティを待たせたことを詫びた。バーティはこのようなことには慣れていたので、自身のことで不便をかけたことを詫びた。結果的には二人は凍りついた兵庫に到着した。全員無事であった。

数日後、彼らは勝利を得た側から大坂からの知らせを受け取った。それによって兵庫での彼らの無事が確保されていることが明らかになったが、二人が危険に遭遇したのは兵庫であった。領事館には、外人の居住地として兵庫の入り口のすぐ外側の神戸の地の一角が割り当てられていた。領事館員がこの地を詳しく調べていた時、滝善三郎と呼ばれる武士の命令で備前の武士たちの一隊が、銃で武装してその入り口から現れた。武士たちは集まっている外国人たちに砲火の弾幕を浴びせた。しかし一人のアメリカの水兵が傷ついただけであった。なぜなら攻撃してきた武士たちは銃の照準の合わせ方も知らなかったからであった。数回の一斉射撃をしただけで、外国人の護衛官たちに追跡されて何の成果もなく立ち去った。

新政府は外国人たちと良好な関係を持ちたいと望んでいたので、滝善三郎を見せしめにしたいと考えた。天皇自ら、侍として運命づけられている名誉ある方法での死を宣告し、彼は切腹をするように命令された。七人の日本人と共に七つの外国人領事館から各一人がこの事件の立会人になることを依頼された。パークスはバーティを送った。これがバーティが厳粛にして恐ろしくて身震いをしそうな儀式の立会人となった、最初の外国人の一人となったいきさつであった。『日本昔話』の附録にある彼の説明は、アリストテレスが言った「哀れみと恐怖」の悲劇の内容を明らかにしている。

その腹切りの儀式は夜の十時三十分から寺院の内部で行われた。バーティと他の領事館の代表たちは、丸くて大きな篝火のある中、「三々五々立っている兵士たちで混雑している寺院の内庭を護衛されてきた。その篝火は神聖な建物のしっかりした庇や奇妙な破風の上にぼんやりした光の揺らぎを映し出していた」。それから、彼らは全くの沈黙の中、長い間内部の部屋で待っていた。誰一人として、話をしたいとは思わなかった。兵庫県の知事である伊藤俊作が入ってきた。バーティは大坂での交渉の際彼に会っているので、それ以来彼を知っていた。彼は間もなく伊藤閣下となり、日本の最初の首相となった。彼は日本側の立会人の代表として、この儀式の天皇の代理人を務めていた。彼は外国人たちに日本側の立会人が誰であるかを紹介して、その罪人に対して質問がないかを尋ねた。誰もないと話されると彼は引き下がり、沈黙の待ち時間が続いた。

ついにバーティと他の者は日本側の立会人に続いて寺の本堂へと案内された。天井の高い大広間は暗い色の木の柱で支えられていた。天井から仏教寺院特有のたくさんの大きな金色のランプや装飾品が垂れ下がっていた。高い祭壇の前には床の上に美しい白い畳が敷かれ、床から三―四インチ程高くなっていた。緋色のフェルトの敷物が敷かれていた。背の高いロ―ソク立てが等間隔に置かれていて、ぼんやりした神秘的な明かりを灯しており、進行の様子が充分に見えるようになっていた。七人の日本人の証人は高くなった床の左側に、七人の外国人の証人は右側に席をとった。他の人物は出席しなかった。

数分後に立派で上品な男である滝善三郎が麻の翼のついた儀式用の服装を身に付けて入室してきた。彼は介錯人の三人の他の役人に付き添われていた。全員金色の薄い織物の縁取りの付いた陣羽織を着ていた。バーティは使者の官服に相当すると思った。介錯人はある意味では刑の執行人で、彼が腹切り刑を見届ける。しかし腹切りには一般の尊敬の念が与えられているが、彼の立場は格闘の際の介錯人の場合と本当に比較できるものであった。この例のごとく彼は格闘の滝善三郎の弟子の一人で、剣法の面で技術が優れているから選ばれた。

左側に介錯人を従えて、滝善三郎はゆっくりと日本側の立会人たちの方向に進み、二人は立会人の前で礼をし、それから外国側の立会人の方に近寄り、おそらくより敬意を払って、同じ方法で我々に挨拶をした。いずれの場合も挨拶は儀式的に繰り返された。ゆっくりと、しかも大きな威厳をもって、刑を宣告された者は高座の上に登り、高い祭壇の前で平伏し、そして高い祭壇に背を向けてフェルトのカーペットの上に正座した。［すなわち日本式に座った］介錯人は彼の左側に蹲った。それから三人の立会人の役人の一人が、寺でお供えものを乗せる時に使用する台を持って前に進み出た。その台の上には紙に包まれた短剣、日本の短刀である脇差しが置かれていた。長さは九インチ半、穂先も刃もカミソリのように鋭敏であった。彼はこれを身を平伏させて宣告された男に渡した。その男は恭しくそれを受け取り、両手で頭の上にそれを上げ、それを自分の身体の前に当てた。

滝善三郎はもう一度深く礼をして、痛々しい告白をしようとしている男から予期されるように大変感情を込めて、ためらいを表す声で、顔にも態度にも何の表情を出さず、次のように語った。「私、私一人が神戸にいる外国人に対して、また逃げようとする人々に対して拳銃を発射する命令を出しました。この罰に対して私は腹を切ります。出席している皆様に私がこの行為をする名誉をさせてくれますようお願いします」。

彼は再び礼をして、着物の上部を下ろし、胸まで裸になった。身が後方に倒れないように袖を腹の下に押し込んだ。後ろに倒れることは不名誉になるだろうからである。それから彼は短剣を持った。

彼は短剣を物悲しげに、ほとんど愛情を込めて眺めた。一瞬最後に色々な想いを回想しているように思えた。彼は左側に胸を下にして深く倒れ、右側に短剣をゆっくりと横に引き、傷の中で向きを変え、少し上方に切り込んだ。この吐き気を催しそうな苦痛な行為の間に顔の筋肉を動かすことはなかった。彼が短剣を抜くと前に倒れ、首を前に出した。初めて苦痛の表情が顔に表れたが、一言も言葉は出さなかった。その瞬間介錯人はまだ彼の側に蹲っていたが、成り行きの全体を見守って彼の足元に飛び出して行き、短剣を空中に取り出すと、きらりと光り、重々しく見えるほどどさっと、凄まじくそれは落ちてきた。一撃で頭は胴体から切り離された。

恐ろしい沈黙が続き、我々の眼前で内部からほとばしる血を見るも恐ろしい音によってのみ打ち消された。それは少し前までは勇敢で騎士道に適った男だった。それは恐ろしい光景であった。

やがて、皇居宮殿は外国人の代表を天皇訪問のために招待した。これは改革がどれほど進んでいるかの現れであった。十日前では、大名たちは天皇と面と向かって会う特権はなかった。将軍自身も格子のすだれ越しで天皇と会うしかなかった。皇室の家族か宮廷の高官だけが直に接見できた。それゆえにこの神聖で人々から引き離されている人が自分の顔を外国人に見せるという考えは、多くの日本人は犬猫と同じに身分を落としたことだと考え、ショックであった。ある者は耐えられなく思った。

英国領事館の謁見は一八六八年三月二十三日に組まれた。館員たちは行進を始めた。最初はロンドン・メトロポリタンの騎兵隊の一軍が現れ、続いてパークス、サトウ、日本人の役人たち、それから英国騎兵隊の護衛官たち、バーティは彼の馬がびっこを引いていたので駕籠に乗って後から付いて行った。ウィリス博士と海軍兵士の一隊が来て、次に約千五百人の日本人の軍隊が続いた。彼らが狭い通路に入ってきた時、都市警官たちが二人の浪人に襲われた。刀で彼らに滅多打ちをしてきた。狭い道の上まで低く垂れ下がっていた屋根のひさしが、乗馬の人の長槍を使えなくしていた。その時一人の日本兵士が浪人の一人と交戦したが、よろめいて、負傷した。他の兵士が浪人の頭を切り落とした。その時他の浪人がパークスを狙ってきたが、どこかに行ってしまい、サトウの馬をひどく傷つけ、騎兵隊の中で、彼の側で倒れた。バーティは駕籠に乗っていたので、より自由に動くことができた。彼は飛び出していき、その男に対決した。その男は傷から出血しており、バーティの護衛の中に逃げ込もうとしたが、その男から刀を捻り取った。剣法に優れた誰かが負傷していない侍にこのようなことをすれば、かなりの成果をあげたろうが、率直に言えば、それは不可能だったろう。サトウは自身の回想録の中でバーティの手柄のことは述べずに、ただ単にその男はバーティの駕籠にさえぎられて彼の剣を落としたと書いた。しかしどうしてバーティがこれをやることができたかを明らかにした。バーティのところに到達する前に兵隊に躓かされ、数人の兵士たちに銃剣で突かれていたことが明らかになった。その男はどうにか立ち上がり、よろめいていたが酷い傷を負っていた。バーティはその男を兵士たちに引き渡したが、彼は身体をくねらせて彼らから逃げた。しかし顔にピストルの弾を受け、塀を乗り越えて逃げようとした。バーティは彼を再び逮捕し、彼の駕籠に乗せた。彼自身の駕籠では負傷者の手当てをしていたので、二人の抗議をしている店主たちに強制的に駕籠持ちをさせていた。行進していた日本兵士たちは騒ぎが始まると散ってしまった。明らかに兵隊の中には浪人に同情していた者もいたが、バーティは兵士たちが「祝火」のように何か異常なことに対して遠方から発射しているのだと言っていた。

囚人と負傷した英国人は近くの寺に運び込まれた。バーティはその男に質問をし、彼と気が合うようになった。その男は傷の手当てをしてくれたウィリス博士と食事を運んでくれたバーティに感謝した。そしてあなたたち外国人がどんなに親切なのか知っていさえすれば！　と言っていた。彼はバーティの質問に全く即座に返答した。その攻撃は云われもないもので、ほとんど自然発生的なものであった。しかし日本人の質問者は、後に三人の他の人物も含まれていたことを引き出した。二人の男は七十人に対してでも恨みを晴らせることができたこの傷に大いに感動した。「これはもし自分の命を守ろうとしないなら、どんな大きなことでもするということを示している」。この行為は神風精神として世界中に知れ渡っているものである。

今回その犯罪者が儀式による自殺行為をすることが許されなかったなら、彼は武士としての資格は没収され、一般の死刑執行人によって斬首されるだろう。政府は外国人に対しての今後の攻撃はこの方法で取り扱うことを公布した。当局者は当然のことながら驚き、深くお詫びをしている。天皇訪問の件は計画通りに実施された。しかし三日後のことであった。今回は宮廷に近づく時に絵のような武装をした兵隊を集中させて護衛したので、効果的に再発を防止できた。

長い時間待たされた後、パークスとバーティは面前に案内された。挨拶の交換はそれ自体特に目立ったところはなかったが、天皇自らが三日前の出来事について謝文を述べた。バーティの気持ちを最も驚かせたのは天皇が眉を剃り上げ、額に高く黒い線を描き、赤い頬紅をし、口元は赤と金色に色を付け、歯は黒くされていたことだ。天皇は直にすべてのこのようなことを廃止する先頭を切り、西洋の様式を採用するようになった。

次の五か月間は大坂で過ごし、新政府とのすべての交渉を一人で行った。パークスと領事館の残りの者は英国人社会の利権の世話や、交易の進展のために横浜に戻った。この時はパーティが日本人に最も親近感を抱いた時であった。外国語は一切知らず、ヨーロッパ人の顔を見たことのない、日本の料理店から手に入れた米や魚を食べて生活している日本人に対しての仕事は大変で、手紙は書かねばならないし、翻訳をしなくてはならないし、複写をしなくてはならなかった。英国側についてはパーティに対して秘書的な援助はなく、日本語で書かれた書類のために二人の秘書を雇ったが、その費用を財務省はけちくさく支払いを拒否した。処理しなくてはならない接待の費用が多くあった。外務省の果てしない会見もあった。パーティが主に没頭している問題は政府に対して反外国人の行為の厳しい禁止を国中に発布させることと、日本でのクリスチャンに過ごしやすい時間を確保することであった。これらの両者の問題についてパーティはかなり成功したが、過労のために疲れ切ってしまった。九月に横浜に帰れたことは救いであった。それからまもなく東京となる江戸に落ち着いた。

このようにして、内戦の後の静けさの中、江戸でのより静かな数か月間が始まった。時々来客を市内見物に案内したり、領事館の仕事で横浜まで馬で出掛けることのほか、公用の仕事は少なかった。パークスの励ましもあり、『日本昔話』の大部分を書いたのはこの時期であった。しかし一八六九年八月、万事が活気づいてきた。ヴィクトリア女王の下の息子エディンバラ公爵のための念入りな歓迎会が開かれた。ヨーロッパの王室のプリンスが天皇を訪問したのは今回が始めてであった。このことは両側の国家にとって首尾よく実施することが大切であった。バーティは公爵の通訳になるように指名された。これは有給の閑職ではなく、彼は日本の宮廷の特別の言葉を話す方法を習わなくてはならなかった。また日本の何世紀にも亘る古い礼儀作法は当然のことながら最も入念に考えられたものであり、その雰囲気の中で少しの不作法でも避けるにはいかにすればよいかを習わなくてはならなかった。もちろんこのようなことはバーティが特に楽しんで上手くやることであった。

この年の冬、バーティの健康は酷く衰え始めた。彼は本国に呼び戻され、ついには一八七〇年一月一日に乗船させられた。彼はウィリス博士によって木造船で運ばれねばならなかった。シンガポールで一か月の休暇があったにもかかわらず、外務省はロンドンに戻ってから一年間の休暇を許可されて彼は喜んだ。特に『日本昔話』の改訂と出版の準備をすることができた。彼は再び活発な社会生活をロンドンで始めた。ウェールズ王子が新しいクラブであるマールボロを創設した。そこでの喫煙制限のために白人に加わる気はなかった。バーティはマールボロに参加し、王子との接触が再開した。

バーティはしばらくの間、直接日本のことを知っているロンドンで唯一の人物であった。日本の将来の発展への財政融資を受けるよう都市でお金を借りるため一生懸命であった。銀行の同業者仲間は、日本政府の支払い能力や信頼性についてバーティの意見を求めた。「彼らは外務省に行き、私の宿舎を調べ、ついには一人の紳士、ジュリアス・ビアという人物を私のクラブで捜し当てた」。バーティの「新旧日本の物語」の説明によって日本は、初めて外国からの借金を受け取った。

第5章　世界旅行

一八七一年初頭バーティは再び旅行に出た。今回は個人旅行で、彼の外交官としての務めは事実上終了した。彼はまだ一八七三年まで正式に外交官は辞めていなかったが、その勤務を辞める最終的な一歩を踏み出した。一八七一年にサンクトペテルブルクへの赴任を費用面での理由で彼は断った。サンクトペテルブルクに姿を現し続けることができないとは今日の我々には不思議に思えた。サンクトペテルブルクに行けば、結局は外交官としての給料は貰えたし、しかも次の三年間に世界半周の旅をする彼の個人的な少額の収入も得ることができたのだから。

『日本昔話』は一八七一年の春に出版された。バーティはとても悪い取引をしたもので、それは後で解ったことであるが、その本をすぐにマクミラン社に二四十ポンドで売却してしまった。このことは必要経費を差し引くと、利益はあってもほんの少しであった。

その本は飛ぶように売れて大成功であった。これは財政的な問題で示されることになったやや不運な交渉であった。もし彼が印税を交渉していたならば、一生の残りをその本から得られる着実で有用な収入でまかなえていただろう。『回想録』によれば、彼は後悔をしてやや自己意識の強い寛大な行為から、アレクサンダー・マクミラン氏に励ましと新しい本を発行する機会を与えてくれたことに感謝した。そして彼は「ギャンブルで負けたのではないことを知って満足だ」と言った。

バーティは本の概評が出るのを待たないで、何人かの他の人たちと彼の古い友人、リチャード・バートン卿を訪問するために極東に出発した。その当時ダマスカスの英国領事をしていたバートンは疑惑を受けてその職をまもなく離れた。バーティは少なくとも一部の理由は彼の妻の攻撃的な態度にあると思っていた。しかしバートン自身は他の誰もできないほどにダマスカスをあちこち案内した。彼は著名旅行家に相応しく旅行記の名手でもあった。しかし勿論バーティも中国や日本で活躍していたので、この分野では比較された。ある時バーティはバートンに江戸の主任死刑執行人のことを話したら、彼は若い侍を用いて賄賂を使って、彼らの刀で死体を切って試した。良い刀であったので一撃で三か所を切ることができた。バートンは「ああ」と言っていつも残念に思っているが、「私は今までに人間を真二つに切ることに成功したことがない。一度だけよく似たことをやったことがある」と言った。

バートンは、生涯に亘り冒険を続けている著名で神秘的なエレンボロー伯爵夫人に会うために彼の客を連れて行った。今はアラブの酋長と結婚していた。彼女はどちらかと言えば、旧式のイギリス人好みの家具を備えたヨーロッパ風の家に住んでいた。器量の良い、「全く控え目なパリ流行の服」を着て、見栄を張ることのない老婦人で、優雅な旧世界の習慣を守っていた。彼女の外見で唯一奇妙な点は、髪の毛や眉の色はアラブの迷信の悪魔の眼に従い漆黒に染められていたことだ。

彼らはまた一八三〇年代と一八四〇年代に、自身の国のフランスの征服に反抗した偉大なアルジェリアの酋長であるアブド・エル・カーデルを訪問した。バーティは若い頃、フランスで伝説に残る人物であった彼を、フランス人も勇敢な敵として尊敬していたことを覚えていた。彼が一八四七年遂に逮捕されて、フランスに連れられてくるとそれなりの生活ができた。遂にフランスを離れることを許可されると、年四千ポンドの手当が与えられた。そして、遂にダマスカスに定住した。その地で一八六〇年マロナイト・キリスト教徒を迫害から保護する手助けができた。これに対してナポレオン三世は彼にレジオン・ドヌール勲章を贈った。彼はまた一八七一年にフランスに良い変化をもたらした。その頃バーティは彼に会った。彼は仏露戦争でのフランスの敗北を利用して、新しく勢力を有してきた反乱軍を指導していた彼の息子を取り締まった。バーティは、中央に泉が出ていて外側には大理石のベランダがあり、大きな水だまりには西洋キョウチクトウが組み合わされている、楽し気な宮廷の庭に通ずる暗い通路を通っていく様子を表現している。ここではアブド・エル・カーデルがアラブの服装を着て、顎髭と眉毛は黒く、頬には薄く紅が付けられていた。彼はアラブの巻物を研究していたが、その巻物は魔術の論文であることが判明した。

彼の家に滞在中バートンは、バーティに『アラビアン・ナイト』(*Arabian Nights*)の自身の訳文の第一章を見せて、彼にこれを見るのは君が最初の人だと言った。バーティは彼のこのような面に興味があり、彼のことを説明する場合、どちらかと言えば彼自身に興味を感じている。バートンの『アラビアン・ナイト』は個人的に印刷されるべきで、彼の妻は彼の死後、アラビアの性技の手ほどき書である『香水の庭』の訳本を焼却してしまった。ずっと遅くなってからの一八九〇年、自身の死の直前にバートンはバーティに『香水の庭』を見せる予定であった。バーティの意見は「もし本当に出版するつもりならば、退職して、年金を確保するまで待つ方がよい」であった。バートンはこの言葉に喜んで応えた。「そうするよ、今回はグランディ夫人に大変なショックを与えてしまった」。もし真実が話されるべきならば、バーティ自身がショックを受けていた、そして他人にショックを与える願望はバートンの性格であった。しかしバーティもこれはこれまでの場所と同じだと信じていた。「彼の言葉では書いてはならぬことをたくさん書いていた。明確にする必要はない。同時に彼の生活は汚れのない道徳的な生活であり、模範に値する夫婦である。そしてまた彼の妻は彼を敬愛していた」。バーティは付け加えて、彼は親切で優しい男で、凶暴性の見かけだけは維持していたと話していた。彼の話は本よりもよかった。『アラビアン・ナイト』の訳だけは唯一成功であった。そのために、それはまったくとは言えないまでも非難に当たらない理由であり相応であった。反対に、この中でバートンについて書いている男はやや高慢な態度であった。バーティ自身は明らかに結婚後もそれ以前も一貫してフェミニストであった。それは全くヴィクトリア時代的であった。その時代の紳士の個人的な生活がどんなものであったとしても品位があり、それ自体が良いこととして、印刷物であれ会話であれ品位のあるものであった。時々疑いもなくその通りであるバーティは、決して聖人として取り繕うようなことはしなかった。性について率直なことを嫌に思っても、『香水の庭』が述べていることを感情的にも内緒でもやってみたいという感情は受け入れられることであり、それについて文章にしたりあるいは冷静にそれを議論したりするとしても、現代的な表現を使うと吐き気を催す。それは一つの見解である。

今回の訪問から帰ってまもなく、一八七一年五月にバーティは自身の友人サザーランド公爵から手紙を受け取った。仏露戦争から続いていた革命的なパリ・コミューンとの市民戦争が終結したので、最初の列車がパリ市内に入ることが許された。公爵は我々に「何か役に立つことがないか見に行かないか」と提案した、とバーティは『続回想録』の中に記している。しかし本当の動機は明らかに好奇心からであった。列車はクレイルで遅れ始めた。その駅で睨みつけたり、獰猛な顔つきのロシア兵や陰鬱な顔をしている大衆を見た。これはおそらくその時のバーティの印象だが、彼のその後の感想では第一次世界大戦は既に始まっていたので、彼は今の出来事についての公爵の意見に影響を受けているのは明らかであった。「多くの人々が、勝ち誇った陸軍の野蛮な行為で踏み潰されたり、苦しめられたりしているのを見るのは酷い光景である。しかしその陸軍はいつからロシアの軍隊になったのか」とベルギー人は尋ねた。バーティはこれを否認する返事をした。「パリ自体は変なことだが、私が話をしたすべてのパリ市民はロシア兵に対してよりもコミューンに対してより厳しかった」と続けて話した。コミューン支援者たちは未だに逮捕されたり、銃で撃たれたりしていた。混乱に巻き込まれた死傷者の衣類の小山が通りの隅々で見られた。バーティはヴァンドーム広場で奇妙な光景を目撃した。そこではナポレオンの勝利を祝する円柱がコミューンの命令で倒されていて、藁のベッドの上で壊されて倒されていった。数人の兵士たちが逮捕された市民を連れて通りすぎていった。バーティはその人物は芸術家ギュスターヴ・クールベであると判った。バーティは見ただけで誰だか判った上に、クールベはコミューンの下での芸術大臣であった。バーティが見ていると年配の紳士が駆け寄ってきて、護衛者が止める前に、クールベの帽子を殴り落とした。大声で叫びながら「ともかく、悪漢ども、お前たちが倒した円柱にお前の帽子を投げてやろう！」と言った。クールベは自分の帽子を拾い上げ呆然としていた。護衛の者たちはにっこり笑ったが何もしなかった。悲しい小さな出来事であった。バーティの説明では、その敗北以来コミューンに最も敵意を抱いていたレストランであったカフェ・ロイヤルの給仕長は、特にクールベに対して不作法であった。そしてクールベを決して店内に入れようとしなかった。しかし一、二年後にはバーティは彼がその芸術家を歓迎しているところを目撃した。その頃までには彼は再び自由の身になり有名になっていた。そして万事彼は今まで通りのご機嫌取りを受けていた。ヴォアサン・レストランの酒の給仕人のところはコミューンの大臣たちが度々訪れていた店であるが、彼の自慢話は酒のラベルを交換しておき、実際は普通の酒を出して上等のワインの代金を払ってもらったと言っていたことだ。「その給仕の場合、私は安全であった。どうしてこんな獣たちにどの酒がどの酒かは判るはずがない」と言っていた。バーティは彼の古い知り合いのガリフェが組織したコミューンの支援者たちに対する仕返し行為に全く賛成していた。彼はその時までに一八六五年のメキシコ戦争や仏露戦争で手柄を立てて将軍になっていた。ここで再び第一次世界大戦のことが彼の頭の中に押し入ってきた。もしドイツが毒ガスを使用するなら、我々もそうすべきだと彼は言っていた。同じように彼は非常に多くの犯罪、特にパリの大司教を殺害する罪を犯した。コミューンの仲間を殺害するのは正当なことだ。しかしある特別な出来事がバーティの気持ちを乱した。彼はラ・ロケットの刑務所の前を通り抜ける時、偶然コミューンの囚人が刑執行のために群衆の見ている前を連れられていくのにたまたま出くわした。バーティの隣に女中に付き添われた十五歳ほどの綺麗な若い女の子がいた。大怪我をしている囚人が担架で運び出された。彼の身なりは良かったが髭は三日間も伸び放しで、頭は血の滲んだ包帯でくるまれていた。その少女は「パパ!」と叫び声をあげて、女中の腕の中に倒れかけた。負傷した囚人は返答として弱々しく手を振った。その可哀想な少女はそこに立ったまま、頭から足まで震わせて心の底から泣き叫んだ。

一八七二年二月、サザーランド公爵はバーティをガリバルディの訪問に連れ出した。ガリバルディはイタリア統一の偉大な闘士であり、ヨーロッパ全土の英雄の一人であった。今では老齢で体力も弱っていたが、サルデーニャの北東の隅の沖にあるカプレーラ島で引退後の余生を送っていた。バーティと公爵はタイムズ紙のウィリアム・ラッセル卿と一緒にエジプトに向かう途中であった。公爵はガリバルディの旧友であったので、途中で彼を訪問する準備をしてくれた。ガリバルディはその当時六十四歳で、三度目の妻であるフランチェスカという純真な田舎娘とみすぼらしいたくさんの支援者たちと質素な慎ましい家に住んでいた。彼はバーティに魅力的で、予期せぬ優しさを感じた。ナポリ君主国やカトリック教会の兵力に反対する軍事的な功績によって、人々は彼を革命的扇動者として見るようになった。それは彼が与えた印象ではなかった。彼は空威張りをする人でもなかった。「彼をこのような第一人者にしたのは、親切心と生まれながらの闘士としての決心との組み合わせであった」。バーティは「彼にはドン・キホーテのような味わいがあり、同時にドン・キホーテはもはやいないことを感じさせる」と言っていた。彼はリウマチに罹っており、昔の戦争で受けた傷で苦しんでいた。しかも、屋外を歩き始めるのも難しかった。彼は教会を嫌っていた。そしてこの感情は彼の従者たちよりも強かった。彼らの一人が犬小屋の屋根にペンキで「ピオ九世の館」と描いた。

ガリバルディは憲法学者であり、穏健な人であり、英国制度の崇拝者であった。彼はバーティに言った。「英国は世界で一番素晴らしい政治形態を有している。人民の意志によって首相が支配する共和制で、時代の政治的世論に基づかない世襲制を採っている。イタリアでも同じような制度が適用されることを望んでいる」と。ガリバルディと外国人の客たちは子山羊の焼き肉を食べ、従者たちは壁の周りに座って彼らを見ていた。フランス語であったので会話は理解できなかった。フランチェスカ・ガリバルディも彼らが食事を終わってから加わった。バーティは狭い部屋で眠ったが、たくさんの蚤で眠れなかった。

次の年の一八七三年、バーティはアメリカ合衆国まで足を伸ばした旅行に出た。バーティの家族内での出来事があった。彼はレディ・クレメンタイン・オグルヴィに求婚した。後に彼は彼女と結婚した。彼女は彼の申し出を一度は断わった。このことは恋路を邪魔される時の方が大きな獲物を手に入れる、という紳士たるものの習わしであった。『回想録』の中では、首尾よくいかなかった求婚については書かれていなかった。しかし今回の旅行の主な目的はユタ州の鉱山の銀の鉱石を見ることであった。ユタ州では、彼の友人たちやおそらく彼自身が投資していた。彼は途中アメリカバイソン別名バッファローの狩りをしたかった。そこではバッファローの殺戮が行われていた。三月に入りニューヨークに十日間滞在し、そこから二人の友人、オリヴァー・モンタギューとトム・ニコルズと出発した。彼らはまずシカゴへ行った。その町は、町の三分の一が焼け落ちてしまった一八七一年の大火事でも大幅な発展は留まらなかった場所であった。このような損害があっても、八か月間の集中再建作業で元に復していたとバーティは言っていた。数日後にはセントルイスに向けて出発した。そこでは当地のシャンパンを飲んだ。「その酒はパリでも大いに称賛されていると聞いている」とそこの主人は誇らしげに語った。それに対してバーティは外交辞令で大げさに答えた。上手な作法でその土地のしきたりに合わせることの達人であったバーティいわく「アメリカでは良好と言うだけでは不充分で、何事も最上であると言わないと、低い評価は侮辱になる。しかも無知の侮辱になる」。セントルイスの後、カンザスシティに滞在し、バッファローの狩猟地フォート・ウォーレスの小さな居留地に向かった。

ザ・ワイルド・ウェストはハリウッドによって知られているものと似ているような、似ていないようなものであったとバーティは書いていた。そこには誰でもそれと判る面があり、伝説になっているが、それには二つの連続した伝説がある。最初は個人的な先駆者を理想化したもので、その人々の冒険心はフロンティア精神とかアメリカン・ドリームといった言葉で要約されているものである。次はインディアンの扱い方とか、環境の取り扱い方についての過度な集約の罪で、その成功を嘲笑したり正体の暴露をしたりするものである。言い換えれば、ジョン・ウェインに続いてサム・ペキンパーが現れた〔二人共に映画監督であり、有名な西部劇俳優であった。ジョン（1907-1979）、サム（1925-1984）〕。バーティは西部開発が始まった時にその開始の様子を目撃した。バーティの報告で興味があるのは逸話的な直接さだった。また彼の経験は、伝説になる以前の状態を見聞した事実にあった。彼はパイオニアたちのエネルギーと困難に立ち向かう勇気を称賛していた。そして教養あるヨーロッパ人としての生活様式を奨励していた。彼はインディアンたちの取り扱い方に大変批判的であった。より強い怒りの感情は、以前の人々に対して、より現代の大げさに悲嘆する西洋人たちに対して向けられていた。彼の表現からとても強く受けることは、話全体の流れの行き当たりばったりなことである。あらゆる種類のあらゆる生まれの人々は、高い教育を受けた少数の人々を含めて純粋に偶然に起こったことと判っていることは取り去るだろう。バーティはシカゴでこの一つの例に出くわした。ラフな見かけの男が、黒タバコを咥えてバーティや彼の友人をセントルイスの列車の駅まで乗せていく予定の駅馬車に乗り込んできた。このバスはどこに行くのかと男は尋ねた。答えを聞いて、「うわあ、これは私の馬車ではないが、しかし大したことではない」と言って、「とにかく終点まで行かねばならない」と付け加えた。

アメリカの西部は決して全体的に英語の会話圏ではない。カンザスシティは強くドイツの影響を受けており、四つの英語新聞の他にドイツ語の新聞も販売されていた。街のすぐ外側で大変年老いたドイツ人によって経営されていたバーを発見した。「その男は驚くほど濃く赤い鼻を除けば顔は何も見えず、残りの部分は灰色の大きな軍隊服と帽子で隠れていた。おそらく何年間も櫛もブラシも掛けておらず、もじゃもじゃの白髪交じりの頭の毛の塊と不愉快な顎鬚の中から見えていた」。そのバーの部屋は汚くて、むさ苦しかった。壁には鷲籠の後ろで剣を提げているナポレオン三世の写真と一緒に、ドイツの皇帝や皇太子やビスマルクの肖像画が飾られていた。その老人はドイツの数々の勝利を遠くの地から偲んでいた。その男はバーティが自身の言葉であるドイツ語を話せることを知って、バーの経営者は隣人の銃砲工で、彼と同じように老人で、汚い服装の別のドイツ人を呼び入れた。彼ら同士の会話から、その銃砲工は何年か前に引退し、安楽に暮らしていることが判った。この二人の老人は以前からこの地にいた。その一つの理由は近くのどこかに宝物が埋められているという噂のためで、彼らのアメリカン・ドリームであったのと、もう一つの理由はそこでの生活に慣れていたからであった。

フォート・ウォーレスは、線路のトラブルのために三十二時間もかかった酷く不愉快な列車の旅の末に到着した地であった。しかしラグレスと呼ばれている夫婦によって経営されているとても楽し気な宿を見つけ出すことができた。特にラグレス夫人はヨーロッパのことをよく知っている教養のある夫人であった。その彼女が荒れた西部や不作法な連中に食事を賄っていることを知って奇妙に思った。幸運なことに彼女の夫は自分自身や彼女のことをよく世話できた。その宿に泥棒が入り、ラグレス夫人は自分の宝石を奪われてしまった。しかしラグレス氏は調査を行い、盗人を突き止め、ピストルで脅して分捕り品を奪い返した。

西洋のパイオニアたちの楽観主義や彼らの混成血統、独立性、突然脇道に逸れる傾向は勿論のこと、ラグレス氏の手柄話にもあるような拳銃騒ぎは、映画好きな人々にはかなりありふれたことである。卑劣なことは何かハリウッドで演じられるものだけれども、誰でも当然のことと思うようなものである。それは明らかに能力のない人々の数が多いことであった。

バーティや彼の友人が参加したバッファロー狩りの「装置」には多くの役に立たぬものがあった。彼らはそれがテントを立てるのに必要な唯一のものなのでそれを選んだ。まだ霜が酷いのでこれは大変ありがたいが、そのテントは「三本の支柱で支えられている破れた帆布と同然であった。そのうえ四か所も風穴があいていた」。彼らが出発する時、イギリス人たちは彼らの洒落た服装を冷やかして拳銃をちらっと見せていた。バーティの説明では、ある階級の人たちはさっぱりしていることに疑いの目を向けることに驚いている。汚れだけがその人たちにとっては働く人間らしいということだ。あざけりは間違いであることが判明した。バーティと彼の友人は狙った獲物すべてにどうしても命中しなかった。彼らの比較的正確なのは道具の部品だという印象がある。これらの人々の能力は射撃というよりは追跡力であった。彼らの武器は二流品であり、手入れも充分ではなかった。「狩人たちはぼろぼろの手入れのされていない汚い野営の小屋に踏ん反り返って入り、鉄のように堅い地面に銃を投げ捨てて、あたかもその銃が壊れれば良いと思っているかのようであった」とバーティは説明していた。これらの狩人たちが驚くほど訓練されていないのは射撃能力だけではなかった。彼らの一人はラバを適切に綱でつなぐことすらできないことが判った。彼の不注意で一行のラバが平原の中に逃げ出し、見失ってしまった。

狩人たちのリーダーは他の者たちとは異なっていた。

フォーゲル隊長は小柄で痩せた男で強靭な身体ではなかったが、過酷で精力的な生活によって逞しくなっていた。長い金髪の巻毛で、日焼けした髪が両肩に覆い被さり、彼の顎鬚は濃く、からみあっていた。彼は明るい青い眼をしていて、常に遠くを見ているように思える狩人の目をしていた。彼の顔立ちは均整がとれていて、育ちがよかった。彼は灰色の安物で特徴のない狩猟服を着て苦労を経験した、抜け目のない老人であった。腕には重い三連銃、これは今まで見たことがない種類の銃と、狩り用のナイフを持っていた。女性のように優しい奇妙な男で、西部の狩人の中で模範生で、口汚い言葉を使ったことはなく、タバコは吸わない、ガムも口にしない、酒も飲まない、ギャンブルもしない、どこかの街で休暇をとっても一切そういうことはしない男であった。彼の名前から推測するとドイツ系であったが、生まれた場所の言葉を知らなかった。しかし子どもの頃父母がドイツ語を話していたことを覚えていた。彼は東部の州で生まれ、何年も前に西部にやって来た。病気がちな若者で、医者に宣告されて、健康のために狩りを始めた。彼はプレイリーの厳しい空気の下での狩りをした。今では病気も苦痛も彼には関係なかったが、疲れると彼の力はなくなった。彼の小さな三歳の雌馬が孤独を慰めるペットとして、犬のように彼の後ろに付いてきた。彼の一つの大望は充分な資金が集められたら、野性味ある田舎のどこかで農夫として独立することであった。

フォーゲルは追跡の名人であった。彼と彼の部下はバッファローの模造品を彼らの間に置いた。しかし彼がバーティと一緒に仕事をした時はどの弾も外れてしまった。バーティ自身はバッファローを数頭殺した。その一頭の頭部をイギリスまで持ち帰り、やがてその頭部はバッツフォードに吊り下げられた。また、映画に撮られたフォーゲルの姿を見ることができる。少し綺麗にされて、ゲイリー・クーパーかアラン・ラッドによって演じられた作品を見ることができる。狩りの通常の姿は、見せるために飼育されたものであるという事実をバーティが述べていることに注意してほしい。このような発言は今日ではなされないだろう。そしてバーティの二人の孫娘の活動に続いてミットフォード家の周辺で加熱された雰囲気の中では、それを一種の原始ナチズムと見なしたい誘惑心があるかもしれない。バーティの時代では、通常の人物が何かやや曖昧な方法で「鑑賞用」に造られる感情は、論評もないままに認められるほど一般的なことであった。それにもかかわらず、品種改良や遺伝上の特質についての留意はバーティの変わらぬ関心事であった。彼はしばしば日本人の大公とかヨーロッパの大公をこのような言葉で述べていた。それは動物の品種改良という彼の後年の関心事と結びついている。そしてそれはおそらくヒューストン・ステュアート・チェンバレンの著作に対する敬意を示している。

キャンプ・ファイアーを取り囲んでの話の多くは、インディアンに関した話であった。狩人たちは当然予想通りであるがインディアンらを嫌っていたし、彼らを恐れていた。そうであっても、これらの狩人たちは政府のインディアンたちへの扱いが恥知らずであると思っていた。そしてインディアン職員たちを嫌っていた。彼らの仕事は毛布や銃やその他の物品を、部族が割り当てられている居留地の住居に配布することであった。職員たちは供給する物資の品質の不正をして、大きな個人的な財産を蓄えていた。この問題はバーティに、キャンビー将軍に率いられたアメリカ合衆国の和平交渉団の一行に対しての、モードック族のインディアンによる最近の虐殺事件の話を狩人たちに話す気持ちにさせた。

インディアンに対して適切な場所は地下六フィートだと言っている一人の狩人は「悪族たちを追い込むことに慣れているのになぜ狩人たちを動員しないのか」と言っていた。その狩人でさえインディアンに対してより、政府側の仕方に対して不満を言っていた。話題になっている人々は荒っぽく、乱暴で、粗野であるが、決して悪人ではなかった。彼らが不平を言うのも全く正しかった。なぜなら彼らは略奪によって未開人たちを立腹させ、彼らの乱暴に報復のために拳銃を提供している政府側の方針の被害を最も被っている人々であったからである。インディアン監督局は確かに普遍的に賛同されている最も顕著な産物の一つであったとバーティは述べていた。このような発言はヴィクトリア時代の保守派では全く普通のことであるが、その価値観は今ではあまりにも時代遅れであり、説明が必要になる。バーティが言っているのは投票によって決められる制度で、投票数の多い者、それらの多くはこじつけのない者であるが、賄賂を追う役人たちを生み出す傾向があるということであった。これらの人々は奉仕の伝統や受け継いでいる自尊心のある人々ではなく、大衆の代表者の弱みにつけ込む方法を知っている人々であったからである。たとえバーティ自身と同時代であっても、この考え方は支配階級の一部では共感を呼ぶだろうけれど、人間の性格についての自由で楽天的な考え方に屈するだろう。それは本質的には彼の大祖父ウィリアムの考え方と同じであった。

ユタ州や銀山に向かう途中、バーティとオリヴァー・モンタギューはさらにデンバー州、コロラド州に出かけた。ユタ州の領地はその当時アメリカ合衆国の法律ではコロラド州の属国であったが、実際はモルモン教会とその教主ブリガム・ヤングによって支配されていた。これらの二つの官庁のバランスは、どちら側も相手側を認めておらず、極端に不安定で、いつ一八五六年のモルモン戦争の再開を決心するかもしれない状態であった。

やがて、デンバーは楽しく、静かで、秩序正しくなったように思えたが、ニューヨークでの噂話やベレット・ハートの作品からバーティが期待していたような姿とは全く異なっていた。再びよいホテルが見つかった。今回は本物のフランス料理を出してくれるフランス人によって経営されていた。秩序正しさの理由は、リンチ法の効果を上げる仕事をしている自警団委員会の存在であった。バーティはその制度の結果を称賛していた。ところが、ニューヨークの有名なツーム刑務所は殺人者で一杯になっていた。その者たちが罰せられるか否かは警察が決定することになっていた。デンバー州やヴァージニアシティでは、足の不自由な人々や足取りの安定しない人々の裁判が進められていた。グラント大統領が訪問でデンバー州に来ていて、近くの居留地からたくさんのインディアンたちが彼を迎えるためにそこに来ていた。バーティは彼らの首長のことをジョージ・ワシントンと呼んでいた。背が低く、濃い髪の老人で、とても悪漢らしい表情をしていて、青、赤、黄のペンキを薄く塗っていて、全く悪魔のような顔つきをして、残酷な口元で、可愛い子熊のような眼をしていた。長くて粗い黒い髪は真っ直ぐで、小妖精のように堅く結んで、中頃で分けて朱色のペンキが分け目のところに塗られ、両肩に垂れていた。

彼はシルクハットを被り、赤と黄色の筋を付け、丈の短い青色のコートにボタンとネックレス、色を付けたビー玉を身にまとい、二丁の拳銃と房の付いた革ズボンを履いていた。部下の同乗者は主人と同じように醜く悪魔然としていた。何人かは背中に負った皮の矢筒の中に入れて弓矢を運んでいた。一人は拳銃を持っていなかった。発育不全で形の乱れた体型を見ていると、男か女か判らないほどであった。

バーティはロッキー山中のオグデンでより多くのインディアンの姿を見た。そこで友人はソルトレイクシティ行きの列車に乗り換えた。「粗末な毛布に覆われた奇妙な身なりの生き物が鉄道の駅に吊り下がっていた。無表情で、目立たなく、不可解で、あたかも人間の死体でもあるかのように少しも動かなかった。そのような状態がそれらの周辺に続いていた。それらには感覚があるのだろうか。おそらくあるだろうが、決してそれらを見せなかった」。

デンバーに入り、バーティは銀山の実態に関心のあるもう一人のイギリス人のキャプテン・フォーブスと一緒になった。彼もまたいつものようにコロラド州知事のマッククックと提携を始めた。フォーブスはブリガム・ヤングと商取引をしていた。彼らは一緒に列車に乗った。バーティは常に重要人物と近づける縁故を上手に使っていた。そしてこのことは疑いもなくヤングと個人的な話し合いを得るのに役に立った。旅行仲間の他の一人は、合衆国陸軍のスタインバーガー陸軍大佐であった。彼は明らかに、いくらか迷惑なことであったが、連邦政府からモルモン教の教主に宛てられた手紙を持っていた。

バーティは彼らがモルモン教徒に会った時の様子やブリガム・ヤングについての説明にかなりのページを割いていた。彼の態度は、軽蔑心とやや不本意な尊敬の念を大いに抱きながらの不同意の気持ちが混ざり合ったものであった。「いかなる学者もモルモン教書を利用して勝利を得ることはできない」とバーティは言っており、彼はモルモン教徒は数の面でも隆盛の面でも増加していることは知っているが、彼らの力では誰一人として本当の賢者を改宗させることのない能力に疑いを持っていた。バーティはモルモン教の人々の逆境の中での勇気と業績に感動していたが、彼らの俗悪な面や不真面目な話や残酷さからの緊張を見ているので反対していた。

ソルトレイクシティは真新しい街で、湖の側にあり、遠くにワサッチ山脈があり、魅力的であった。悲鳴を上げるような醜い点が一つあった。それは「大きな長方形の皿覆いのような白い屋根のある、巨大な礼拝堂があったことだ」。外見的には平和な光景は、人を欺くようなものであった。ソルトレイクシティは合衆国陸軍の砲兵連隊からの絶え間ない脅威に曝されていた。バーティの説明では、連隊の兵士たちはモルモン教徒たちを殴ってばらばらにしたことを謝ること以外に何もしなかったという。街全体の内部の人々はブリガム・ヤングの法執行者であるダニテを恐れていた。彼らはヤングの命令に従って静かに暗殺を行っていた。街の案内をしていたバーティのガイドはダニテの一人だと噂されていた。共同墓地を通り抜けて歩いている時に、バーティはガイドに話しかけた。非常に多くの人の死者は「ヨルダン川で死んだ人々で、それらはその人々の墓石であった。なぜこんなにも多くの人が川に落ちたのだろうか」とバーティが尋ねると、「酔っ払って死んだ者はいなかった。彼らは靴を履いたまま死んでいた」とその男は恐ろしい顔つきで歯を見せて笑って言った。

ブリガム・ヤングはバーティとフォーブスに銀山に行く許可を与えてくれた。面会した時バーティに対して適度に親切にしてくれた。しかし、後になってモルモン教の教会に行った時、ブリガム・ヤングは彼らに攻撃的な説教をした。バーティは予言者に同じ程度の称賛と嘆きの言葉を述べた。彼はその当時既に七十歳代で、よくわきまえて、大きな魅力を持っていた。しかし明らかに残忍な傾向は有していた。彼は謙虚な生活をし、バーティを誠実であると思っていた。そして故ジョセフ・スミスを完全に明らかに信じていた。天使がスミスに幻想の中で与えたモルモンの教えが本物であることを信じていると言った。バーティは何人かのヤングの妻たちの姿と他の長老たちの姿を見たが、魅力的だとは思わなかった。ユタ州からさらに西に旅をした。彼はヴァージニア州の周辺の鉱山を訪ね、ネバタさらにカリフォルニアに行き、そこではヨセミテ峡谷の巨大なアメリカ杉に驚いた。さらにサンフランシスコの街自体にも驚いた。サンフランシスコでは船に乗り、長い荒れた航海の末、再び彼の好きな日本に到着した。彼は数週間馬の背に乗って見物客の一人として旅をした。そして幾人かの友人と会った。

彼は日本から太平洋を横切ってサンフランシスコまで戻った。彼は以前の足取りをたどってヴァージニアシティを通り、ソルトレイクシティまで旅をした。そこで友人のフォーブス陸軍大佐を見つけ、彼と一緒にロッキー山脈でまた別の狩猟遠征をした。それは心地の悪い旅で大失敗であった。十月で既に凍りついていた。テントはないし、水牛の皮袋の中で眠った。これを終えてからニューヨークに帰り、そこからロンドンに戻った。

第6章　スタンレー家

一八七四年はバーティにとって大切な年であった。この年は彼が遂に落ち着いた年であった。彼は先天的に適していた重要な仕事を見つけ出した。また全く相応しい妻を見つけ、チェルシーのチェイン・ウォークにあるリンゼイ・ハウスを購入した。その地に一八八六年バッツフォードを相続するまで彼は住んでいた。

仕事については後続の章で扱うこととして、国土省長官として任命を受け、ロンドンにあるいくつかの公園の改修やロンドン塔の修復において永続する重要な工事を行った。妻はレディ・クレメンタイン・オグルヴィでエアリー伯爵デイヴィッドの二番目の娘であった。彼女は魅力的で少し面長の顔をしていて、少し頑なな性格の兆しがあった。彼女の体型は中年になると太りがちであった。二十一歳の時にバーティより十六歳年下であった。そして彼女の先祖はやや興味深く、特に母親側がそうであった。

彼女の父親は型にはまったスコットランド貴族で、熱心な宗教的信念の持ち主であった。彼は若い頃にギャンブルをしていて、熊手で賭け金を集めるようなことをしていたと言われていた。しかし彼の世渡りの術を心得ていた義理の母親が、彼が婚約をする頃に手紙で彼に「激しい情熱を持つ僧侶のような生活をしてきたが、私はそんなことは考えられない」。こんなことはすべていずれにしても終わったことで、バーティがクレメンタインと出会った頃には、落ち着いた立派な上流階級の生活を送るようになって何年も経っていた。父親としての生活と共に六人の子どもを育てるほか、射撃をしたり、領地の運営をしたり、社交界に出かけたり、時々代表的なスコットランド貴族として上院に出席したりしていた。彼は決して愚か者ではないが、慢性的な難聴で、時々やや理解が遅く思われた。彼の妻ブランシュは大変決定的で彼より優れていた、特に人前ではそうであった。しかし彼には充分な威厳と自負心があり、こんなことは少しも気にかけなかった。彼は彼女の手綱を緩めて任せていた。それは彼が意識していることで、一つには彼女は本質的に上品で信頼できる夫人であった。また本当に例外的に聡明で、どちらかと言えばやや性格が変わりやすく、窮屈な制約をすると酷い仕返しをするところがあった。

クレメンタインの母親はスタンレー家の出身で、詳しく言えば、第二代スタンレー・オブ・オダリー・エドワードの九人の子どもの一人であった。これらのスタンレー家の人々についてはきちんと記録が残されている。ナンシーは膨大な量の彼らの手紙を二冊にまとめて編集していた。バートランド・ラッセルの母親はアンバーレイ夫人のキャサリンで、ブランシェの姉妹であったが、彼は『アンバーレイの文書』（*The Amberley Papers*）を二冊本で出版した。この一家の人々は、その当時のミットフォード家の人々が昔からの保守党員であったように、政治に関しては昔から変わらず改革派であった。スタンレー家の人々は優れた知性を持っており、ある人は実際には大きな成果は得られなかったが、生涯にわたって卓越した個性を発揮した人々であった。スタンレー家の人々はブランシェの子孫であるミットフォード家の人々について、色々な面を思い出している。なかでも姉妹たちは互いに虐め合いをする酷い方法を考え出していた。そのため、他の人々の目には、またミットフォードのようにと言って、彼女たちのことをとても薄情な人々だと見ていた。彼女たちのことをよく知っている母親でさえ、ある手紙の中で彼女たちのことを「この辛辣な言葉使いの家族」と言っているほどである。

彼らの父親もまた、少なくとも彼の子どもの一人はおしゃべりだとして有名であった。彼の息子のライアルフがフットボールをしている時に舌を酷く傷つけてしまった時、彼の妻宛ての手紙の中で、「可哀想なライアルフ、彼の舌が酷く傷ついていないことを祈りたい。なぜなら彼の舌は大事な稼ぎ道具なのだから。彼の他人の気持ちを和らげる話術に恩恵を受けることがあるかもしれないが、彼の不思議な話を聞くことを仲間に止めさせることはそれほど度々できないだろうし、それは彼には非常に不愉快に違いないから、とにかく早く元気になってもらいたい」と書いた。

スタンレー卿にとってはこれは少し馬鹿げたことであった。なぜならば痛烈な言葉のほとんどが彼から発されたものであったからであり、話し上手な人々はしきりにそのような言葉を使いたがるものである。スタンレー卿は冗談で有名であるだけでなく、その冗談は必ずしもいつも思いやりのあるものとは限らないという事実でも有名であった。彼と同時代の人々は、彼のことをシェリダンの劇作の一つの登場人物のベンジャミン・バックバイト卿に因んでベンと呼んでいた。しかしながら、彼は真面目な政治家であった。しかし精力的な面が不充分であり、少し怠惰な面があったために最高位の地位にはなれなかった。パーマーストン卿は彼を好んでいたし、信頼していた。なぜならば彼は保守党を軽蔑しているのと同じ程度に彼自身の所属する自由党内の急進派を軽蔑していた派閥であり、地主であり、ホイッグ党員の一人であったからである。彼はパーマーストン政権のほとんどに参加していた。彼は魅力的であり、頭もよかった。その上彼自身も満足していた。彼には無理強いするところは少ないが、一度狙いを定めると、トーリー党の急進派より攻撃的になる例の典型的なホイッグ党の誇りがあった。その誇りには単なる階級の自尊心だけではなく、道徳心や知的な優位性も含まれていた。スタンレー卿の王家に対する態度は誰に対しても思い上がったところはなく、とても打ち解けているように思えた。彼は一八六一年七月二十八日付けの彼の妻宛ての手紙で「グランヴィルは、女王がバルモラル宮に同行する大臣たちの一人に私の名前を言っていると教えてくれた。私は近くにいるので、異議はないと言った」と書いている。上院議員の彼の同僚たちにとって時間はなかった、特にそれは当時たまたまジョン・トマス、後に伯爵になったリーズデイル卿が率いていた恒久的な多数派の保守党であったから。昨日私はグリニッジでリーズデイル卿や他の議員たちと一緒に食事をしたが、ひどくつまらない魚料理だった。これまでいつも中座をしていたが、今年は個人的な仕事がよいので、行く方がよいと思った。彼の気性の厳しさとそれを埋め合わす愛嬌に覆われて慈悲深い気持ちがあったのに違いない。なぜならば、彼の子どもたちは彼のことを尊敬し、彼の頭のよい妻のヘンリエッタ・

マリアは彼が死ぬまで彼の虜になっていたからだ。

一八二九年に生まれたブランシェは、スタンレー卿の二番目の娘であり三番目の子どもであった。オルダリー公園での求婚時代のヘンリエッタ・マリアの説明を読むと、愛情はブランシェ側にも若いエアリーの側にもあった、外見上はデイヴィッド側にあったが、より心の深いところではブランシェ側にあった。フランス式の表現で言えば、キスをしたのは彼の方で、頬を出したのは彼女の方であった。その上娘時代に何年間も鍛えてきた口論の即座の機転の才も持っていた。その上彼女は普通より多くの切り札を持っていた。一つには、不運にも伯爵はすでに難聴の程度が酷かった。しかしブランシェは彼に彼女のためにその障害を克服することを強要した。ブランシェは、繰り返して言うことは集中力をなくすことになるので、どんなことでも繰り返して言わない、と彼に言っているのを聞いている、とヘンリエッタ・マリア・スタンレーは夫宛ての手紙に書いている。時制の一致は無視されているが。しかし、ともかく、デイヴィッド・エアリーはブランシェが否定している何かを持っていた。それは快適さや夢中になることであるかもしれない。「彼女は彼に対してあまり気配りをしてこなかったことを後悔しているし、熱烈な恋に陥っているようにするべきだった」と彼女の母親は言っている。結婚を申し込むためにデイヴィッドが一八五一年八月にオルダリーに到着する前までは彼女は疑念の気持ちで一杯であった。彼は彼女がどれほど本気であるか、また彼女がとても元気がよいことを知れば、彼女のことを好きになってくれるとは思えない、と彼女の母親は思っていた。また彼女が彼の家族として上手くやっていくことを望んでいるならありがたいことではあるが、彼との楽しい生活を楽しみにして待っていることはできないと思っていた。だが、私があなたは彼に今回の話を延期してもらいたいのかと言うと、彼女は後で後悔することを知っていると言っていた。この応答には、彼がかなりの額の抵当があるが、尊敬に値する額の資産のある伯爵だということに関係があることを考慮に入れるのが避けられないことである。だが、母親と娘との間の個人的な会話なので、実際にはわざわざ言葉にすることはないだろうけれども、このようなことは二人の間では了解されていたことだろう。ヘンリエッタ・マリアは付け加えて言っている。「彼女は今までのことがなければ良いと思っている、そして、現在の生活は気に入っている上に、今はここにいるのがとても幸せであるが、今は結婚したくない――しかし彼女は彼を受け入れているのだ。彼女はこれから先も彼と一緒にいるのだろうか。そんな危険を冒すのは安全だろうか」。このことは明らかにこの二人がスキュラとカリュブディスの間を上手く舵を取ることができるかどうかにかかっていた。すなわち彼女が彼を上手く制御していく可能性と、彼女の彼に対する尊敬の気持ちをなくしてしまわない程度に服従させる可能性のバランスをとることができるかである。結末としてはこれらの可能性は首尾よく処理されていた。彼女は今回の申し出を渋っていたけれども、彼が彼女を深く敬愛していたために良いスタートになった。心配性の彼女の母親は同じ公園で二人の様子を見守っていた。それぞれ本を手にしていたが、彼の方は読んでいる振りをしているだけであった。ヘンリエッタ・マリアは八月三日の手紙に次のように書いている。「私はなぜ彼が決めてしまわないのかと思っていた。ブランシェは彼に色々な機会を与えていたが、彼女のやり方は少し無愛想であったから、おそらく彼は少しビクビクしていたのだろう。彼女は大変風変わりなことを口にしていたから」。同じ手紙の後半でヘンリエッタ・マリアは次のように書いている。「彼女は彼に対してもっと垢抜けられるように彼に話しかけ、展覧会での説明文と同じような短い言葉を語り続けていた」。時には一寸の虫にも五分の魂を出すことがあるのだ。デイヴィッド・エアリーがある時ベーコンの『随筆集』(*Essays*)は難しい本だと言ったら、ブランシェは「ああ、そうですね、あなたは覗いてみる気にはならない本です」と言い返した。すると、「あなたは私をどんな本も理解できないと考えているようだ。しかし私は充分解っている」と彼は静かに言った。

ヘンリエッタ・マリア・スタンレーはこの結婚について最初は本当に心配していた。結婚式は一八五一年四月に行われた。その三か月後にはブランシェは幸せそうではなかったと手紙に書いていた。エアリーには何の欠点もなく、最も思いやりがあったから、態度を変えるとするなら、彼女の側に非があるだろうと思うと言っていた。さらに三年ほど後になって、これらの前触れの様子は全くなくなっていたわけではなかった。「私はブランシェが彼女の夫と一緒にいる時は、彼女の自分の家にいる時のように愛想良くしているとは思わない」、と彼女は書いていた。しかし実際はブランシェとデイヴィッドの間にはともに深いわけがあった。彼女はどちらかと言えば、人が思っているより誠実であり率直であった。彼の方はずっと賢明で親切であった。二人は一緒に力を併せて生活していた。結婚後しばらくして表面化した彼の財政問題もおそらく二人は助け合って、力を合わせてそれらの問題を克服していた。彼らはまた、適切で冷静な議論を重ねる間に、互いに尊敬し合うようになっていた。ヘンリエッタ・マリアは一八五一年十一月にコータッチー城から手紙を書いている。「彼とブランシェは性格が全く違っている。彼女は全く気品があり多感であり、一方、彼は誠実で親切であった」。ブランシェはわざとらしい親切は気にいらないと言っているが、デイヴィッドは彼女の態度はドイツ語の書物から学んだ表面的な態度だと非難して小言を述べていた。

バーティの花嫁のクレメンタイン・オグルヴィは、彼女の両親たちのこのようなとても時代遅れの頑なな意見の持ち主であって、その頃はもちろんまだ生まれていなかったがそれは生来変わることのない考え方である、お互いの気性の違いを示していた。クレメンタインは完全に父親の意見の方を好んでいた。彼女は自分の体の中にはスタンレー家の血は一滴も入っていないと言わんばかりに事実を全く無視して、スタンレー家のことを非難していた。自己の意識経験を観察することに彼女はこだわっていたわけではないが、それ自体はどちらかと言えばスタンレー家の人間が述べるべき言葉だったと思っていた。彼女は叔父たちの言動の異常さに不満であった上に、家族の冗談に対しても苛立っていた。しかし、スタンレー家の人々はどちらかと言えば後のミットフォード家の人々と同じようになっていたから、ここでその人々のことに触れることは正しいことと思える。

スタンレー卿エドワード、愛称ベンはすでに説明されているが、彼の妻は第十三代ディジョン子爵の娘、ヘンリエッタ・マリアであった。マリアは彼女の夫や子どもたちと同様にとても賢明であった。彼女の結婚はほとんど一点の曇りもない幸せなものであったが、この事実は一八六九年エドワードが死ぬまで広く一般には知らされなかった。（彼らの結婚がほとんど曇りのない幸せであったと表現したのは、彼女は手紙の中で、時々彼女の夫の関心がレディ・ジョセリンという女性に向かっていることに嫉妬を抱いていたことがあったと述べていた。このことはそれ自体には何の変化も起きなかった。スタンレーの結婚生活にも家庭生活にも何の影響もなかったことは確かであった。）ヘンリエッタ・マリアは夫よりも二十七年間も長生きをし、その期間に女子教育の先駆者として有名になり、ケンブリッジ・ガートン大学の創設や多くの女子学校の創立に努めてきた。年齢を重ねるにつれてますます非常に優れた率直な意見を述べてきた。

彼女の九人の子どもたちの中で一番年長で、最も風変わりであったのは一八二七年に生まれたヘンリーで、大人なったばかりの頃に急進的な思想を示し、イスラム教に改宗した。彼は外交官の仕事に就いていたが、コンスタンティノープルやカイロに滞在していた頃、トルコの文化やアラビアの文化に愛着を抱いた。彼は二十六歳の時に外交官を辞任してアラビア人の服装を身に付け、その後の十六年間アジアの各地をさまよい歩いていた。できるだけ長い期間、自分が改宗したことやファビアというスペイン人の女性と結婚していることを彼の家族に黙っていた。彼は彼女と数回結婚した。コンスタンティノープルでイスラム式の結婚式を挙げ、ジュネーヴでは一般市民としての結婚式を挙げ、英国教会で一回、最後にローマでカトリック式の結婚式を挙げた。いずれも正式な結婚式ではなかった。なぜなら彼女にはスペイン人の夫がいたからであった。しかし、ヘンリーはこのことは知らなかった。一八六九年に彼の父親の葬儀の時、彼の母親に自身が結婚していることをはっきりと伝えた時、二人はオルダリーで生活していた。ヘンリーの両親たちは彼の生き方に恐怖を感じていた、そして特に彼がイスラム教に改宗したという噂は両親たちに苦痛を与えたが、両親たちは彼の生半可な否定の仕方にいつも救われた気持ちになっていた。両親たちはいつもお互い同士ヘンリーについてはとてもぞんざいな態度をとっていた。一八五九年スタンレー卿は、惨めな愚か者のヘンリーについてモーニング・ポスト紙の欄に彼の妻宛ての記事を書いた。その記事の中でヘンリーはペナンにいて、イスラム教徒たちと共に暮らし、彼らと同じ服装をしていると伝えた。自身の返信の中で彼女は、彼の記事を読んで気分が悪くなったと書いた。そしてヘンリーについて幅広く色々なことに興味を持ち、探究心を持っていて、十二歳の頃にすでにアラビア語の文法書を欲しがったと言っていた。しかしヘンリーは幾分粗野で鈍感であった。家族の間ではこのような特徴は情け深い態度では見られなかった。バートランド・ラッセルは、ヘンリーは家族の中で唯一の全くの馬鹿者であると言っていた。ヘンリーにとって一番の悩みごとは耳が聞こえなかったことである。スタンレー夫人は彼女の夫にエアリー卿は同じような痛みで苦しんでいると書いているが、彼女の表現では「ヘンリーと同じくらいに全く耳が聞こえない」と書いてきた。嘲笑的であって、笑い合うというよりは嘲笑の的になっていた。ついにヘンリーが彼の領地に入ってきた時には、先天的に勝ち目のなかった人間の持つ強烈な憤りを長く持っていたことを明らかにした。ヘンリーは弟のライアルフに彼の領地を猟場管理人によって売却させ、もう一人の弟のレベレント・アルジャーノンにはオルダリーに住むことを拒絶した。さらにもう一人の弟のジョンには教会の敷地に年代記を設置することを許さなかった。

彼の妹のアリスは、ヘンリーがいつも仲良くしていた唯一の家族であった。彼女は二番目の子どもで、一八二八年に生まれた。彼女もまた疾患となるほど過敏症であると両親に思われていたので、ヘンリーに引き寄せられていた。ヘンリーは家族の中でアリスの夫のオーガスト・フォックスが一番気に合っていた。ヘンリーが彼の父親の死後に彼女を家に連れてきた時、ファビアを受け入れることを最初に同意したのがアリスであった。フォックスは陸軍少佐で、後に陸軍大佐になり、一八五三年二月にアリスと結婚した。彼の親族のリバーズ卿の死去に伴い、たまたま領地にやってくるまでは彼らは貧しい生活をしていた。アリスが最初の子どもを身ごもったことを知った時に書かれた手紙の中で、スタンレー卿の母親は「二人は貧しいから子どもたちは頭が鈍いし身持ちが悪い」と予言していた。「あの人は冗談が解らないから、レイナードには言わないでくださいよ」。スタンレー老婆の子どもの人数についての予言は正しかった。九人もの子どもが生まれたから、冗談が解らないという非難にもまごつかされた。ほとんどの人々にとって冗談は大切なものと考えている姻戚関係にあるフォックス家の人々にとっても、不利な立場になりえた。ヘンリーにとってはおそらくフォックスの存在が息抜きになっていた。

ブランシェが次の年、一八二九年に生まれた。彼女の次にモウドが生まれ、その綴りは不確かであるが、一八三二年に生まれた。ナンシーの言葉によれば、結婚しなかった唯一人の女の子であった。そして修道女となり、とにかく兄弟、姉妹の誰とも仲良くすることに一番努力してきた。彼女は貧しい人たちを助けるために疲れを知らずに効果的に働き、少女クラブ活動で有名になっていた。彼女はある時、その当時は貧民地区であったソーホーのギリシャ通りにあった少女クラブで講演をした時、彼女は不愉快であったが少女たちは化粧をしていた。そこで彼女自身も頬紅を塗り、口紅をして行き、語り始めた。「皆さん、今夜の私はとても美しく見えるでしょう。それはすべて人工的な美しさに過ぎません」。多くの修道女たちと同じように、モウドは食卓の楽しみは少しも気にかけなかった。ブランシェ・エアリーや弟のアルジャーノン・スタンレーはモウドの食事を見て、まるで豚の食事のようだと言った。「アルジャーノン、違う、豚の食事にもならない」とブランシェが訂正した。しかし彼女の甥のバートランド・ラッセルは彼女がマロン・グラッセを届けたり、言葉を喋るオウムを飼っていたりしたので彼女のことが好きであった。

次男のジョンは一八三七年に生まれた。彼は職業軍人となり、健康には恵まれなかったが、非常に素晴らしい勇気と闘争心を持っていた。盲目的な彼の手紙は彼には生まれつきの表現力があることを証明していた。さらに家族問題では、彼の両親の盲目的な意地悪さに対して繰り返し示した、落ち着いた面を持っていた。両親のヘンリーやオーガスト・フォックスの両者に対する態度は彼の方が公平であった。十七歳の時に彼はクリミアの戦場に参加した。彼の家庭宛ての手紙は酷いものであった。セバストポール戦の前戦の後で立ち向かうことのできない強敵であった。彼は負傷して帰国したが、しばらくして回復したのでインドに向かった。当地には反乱が起こっていた一八五七年に到着した。彼は知事のカニング卿の将軍付きの副官の一人になった。そしてカニング卿の夫人に大変気に入られて、夫人の所帯に派遣された。そこでの生活については「ジョンがインド人に対して態度が悪く、彼のリベラルな両親を悲しませた」と彼は説明した。彼らはジョンがインド人を黒人と呼ぶことに反対した。そしてその過ちを一般的に話すことに反対した。ジョンは矢面に立たされると自分の主張を固守した。一八五九年三月二十三日には次のように記している。「あなた方が言葉としての「黒人」に反対しているのは論理的ではない。あなた方は彼らと同じ血をしており、同じ人種であるから、我々と同じアフリカ人です」。ヘンリーの東洋通であることはジョンを大いに心配させた。彼にとってインドにいる限り、それは土地の人々のやり方であり、イスラム教は結局インドの第二の宗教であった。ジョンはそれにもかかわらず、彼の両親よりもこの問題に関して自身の平静さを保っていた。ヘンリーには彼の考え方から徐々に抜け出すままにさせた。ジョンは一八五九年九月二十四日に彼の母親に忠告したが、彼はヘンリーをからかうことを楽しんでいた。ナンシーによれば、二人の兄弟がオルダリーに滞在していた頃、ジョンが朝早く下に降りてきて仏像の座像に朝食を供えていたが、ヘンリーの目にはこの行為は朝食を不潔にする上に食べられなくなると思った。朝食全部を供えたのか尋ねられて、それに答えてハムを除いて全部を供えたと言った。しばらくして、ジョンは陸軍から引退した。ジョンはシーホースのメアリー・ステュアート・マッケンジーと結婚し、二人の娘に恵まれ、四十一歳で逝去した。

ジョンの後には一八三九年にライアルフが生まれた。彼は勉強の面では一番頭が良く、オックスフォード大学で学位を取るための最終試験で首席になった。ライアルフはオックスフォード・ユニオンの機敏な弁士であった。常に急進的な主張をしており、彼の父親は時々彼を批判していた。ある時ライアルフが統括的な祈りは改革への制限に過ぎないという提案に賛成する発言をした時、「それは正しくない。もし我々がそれを認めたら、きっと後悔することになるだろう」と一八五九年十一月十八日にスタンレー卿は述べた。ライアルフの初期の約束は実現されていない。バートランド・ラッセルは、彼の機知は政治の面では辛辣過ぎると考えていた。彼は確かに道徳的な勇気を欠いてはいなかった。第一次世界大戦の最中の戦争に対する熱気が強かった時、彼はラッセルが演説をした、平和主義者会議の議長を務めた。彼は結婚し、たくさんの子どもに恵まれた。ヘンリーの死に伴い一家の称号を引き継いだが、自らをスタンレー卿と呼ばずにシェフィールド卿と称した。それは彼の祖母から引き継いだ男爵家のものであった。

ライアルフに次いで、一八四二年に生まれたのはケイトであった。彼女はジョン・ラッセル卿と言われていたラッセル伯爵の息子、アンバリー子爵と結婚した。彼女は三十二歳で逝去し、夫もしばらくしてから逝去した。彼女は宗教上の自由思想家で、熱心な男女同権論者であった。彼女は婦人参政権のための演説をし、それが流行するまで続けた。二人には祖母に育ててもらうことになった二人の男の子があった。これらの内の年少者がバートランド・ラッセルで、哲学者、数学者、社会主義者、核武装反対者であり、知的な学識の深いからかい屋であった。そして、純粋な理解力に関して言えば、英国の貴族の家に生まれた人の中で最も頭の良い人物であった。

さらに二人の子どもがあった。一八四三年に生まれたアルジャーノンは、ハーローに在学している間怠け者であった。随分苦労をしたが、あまり勉強はしなかった。後に追いついて、英国国教会の司祭となった。彼は極端な高教会派、言い換えれば英国国教会高教会派に強く惹かれた。そのことで彼の父親は困り、彼がオルダリーで生活することを拒否した。やがて、アルジャーノンはローマ教会に入り、バチカンに行った。そこでは彼は当然スタンレー司教であり、エメイアス主教となった。肩書きのみで権限のない主教で、バチカンにいれば安楽に居住できた。しかし、バートランド・ラッセルによると、その主教の身分は自分のスタンレー気質を圧倒することができなかった。若い関係者が彼にローマ教会と英国国教会との違いを尋ねると、彼は「やー君、その質問は無意味だ」と答えただろう。アルジャーノンは四旬節の時でも、腹一杯何でも食べていた。その年の四旬節の頃ローマの彼の所に彼の姪が訪ねてきて、このことについて尋ねたら、「ねえお前、神聖な母教会では私たちが飢えないように取り計らってくれるのだよ」と答えた。ナンシーが付け加えて説明した。この一文なしの若者の息子が亡くなった時、彼には相当な財産が遺されていることが解った。スタンレー家で一番若いのは一八四四年に生まれたロザリンドで、彼女はジョージ・ホワードと結婚した。彼はやがてカーライル伯爵となった。ナンシーは彼女について、「彼女の夫はとてもハンサムで、芸術家であり、エアリー卿のように彼の妻の言いなりになっていた。彼女は色々な極端な意見や態度を示し、夫が妻をコントロールできない場合に、聡明ではあるが無学な女性がしばしばやるようなことをしていたようだ」。彼女は実際にそのようなことをやっていた。彼女は激しい絶対禁酒主義者で、当時ハワード城の保存庫にあったブドウ酒をすべて排水路に捨てさせた。

紛れもなくスタンレー家の特徴を示す例は、ヘンリーが一九〇三年に偶発的に死亡した後の葬儀の時であった。ヘンリーの詳しい指示によってイスラム教の葬儀様式によって埋葬が行われた。遺体はオルダリーの森に立ったままで、メッカの方に向かって埋められた。アルジャーノン司祭には少しも尊敬されていなかった。犬のように生き、犬のように死んだと彼は言った。遺体は狭い墓の中で足が先に下ろされたので、レイアルクの息子のアーサーは彼の帽子を脱がせてやった。お前さんの帽子ではない、愚か者、靴だ、とアルジャーノンは言った。次はナンシーの説明である。『ザ・アンバーレイ文書』の中でバートランド・ラッセルの説明では、ヘンリーはトルコ大使館のそばのウォーキングにあるモスクに埋められていると言っている。いずれの場所が正しいかについて、普通はアルジャーノンの辛辣な言葉の方を信用している。それから次はクレメンタインの母方の家族についてである。我々はクレメンタイン自身は彼女の生まれながらの権利のこの部分を拒否していた。クレメンタインは母親がバーティのことを嫌がっていて、レディ・クレメンタイン・オグルヴィとして結婚してから後数年間も娘に手紙を書いてくるほど、バーティのことを少し嫌がっていた、手に負えない母親とは特に良い関係ではなかった。この家族についてのある噂話では、決してありそうもないことであるが、ブランシェ・エアリーは彼女自身がバーティと浮気心を持っていて、彼が彼女の娘に乗り換えたことを後悔していたということである。バーティの首尾よい求婚は劇的なものであった。彼はホランド・ハウスでの午後のパーティに出かけて行き、クレメンタインが別の求婚者と一緒に百合の池のそばに立っているのを見つけた。しばらくしてクレメンタインが「あの水仙の花は今夜の舞踏会の時、私の衣装に付けるのに恰好のものだわ」と言った。バーティは清潔な藤色のズボンを履いていたが、直ぐに池の真ん中まで入っていって、彼女のためにその花を摘んできた。彼のズボンは水に濡れ、泥まみれになった。その日の夜、彼女は自分のブラウン色のドレスにその水仙の花を付けていた。

そして、彼は求婚をすると、彼女はそれを承諾した。彼らは一八七四年十二月三十一日にコータッチー城の教会で挙式した。季節の選択は変であるが、パーティはすべての列車が止まってしまうような歴史的な激しい吹雪を避けるのにやっと間に合ったのであった。しかしその結婚式は大盛会で、彼の心に訴えるようによく計画されて、中世風のご馳走とバグパイプで祝ってもらった。

第7章　工部省

しばらくして一八七四年五月バーティは工部省の長官に任命された。これはベンジャミン・ディズレイリによる洞察力のある才能ある人物の抜擢であった。ディズレイリは首相になったばかりであった。この地位は空席になっていて、彼の権限で指名のできる最初の重要な行政機関の長官であった。ディズレイリ夫人は賢明な人物であった。それまでの長い年月彼女は夫がバーティに目を付けていたと語っていた。

その地位は実際には工部省の不変の長の地位であったが、バーティは工部省の第一部長に計画報告をしなければならなかった。この地位は後に工部大臣と名称が変えられた。そしてこの地位は閣僚の一員ではなく政府の副官であった。この部署の仕事は公園や政府関係建造物の管理をすることであった。この部署はまた、祝祭用の見物席や一時的な施設の建造についても責任があった。指名を受けた時バーティは非常に多くの変更を行うことを期待された。事実、ディズレイリの個人秘書からこの部署は腐敗しきっているので、すっかり洗い流さなければならないと告げられた。バーティはそれを実行した。しかし、最初から反対された。その部署にいる係員はほとんど何もすることが許されていなかった。そして当然特別活動にも抵抗があった。バーティが最初に長官になった時、上級事務官の一人に何を見てもいけないし、現場に出掛けていくこともいけないと告げられた。もし彼が思っているようにやれば、彼は「ノー」と言えるよい立場をなくしてしまうので、バーティはこの行動を変えた。彼は必要な場合には「ノー」と言う勇気と機転の両者を持っていたが、いつ「イエス」と言うべきかを知りたいとも思っていた。不幸にもこの部署での逆行する勢力はバーティの政治上の上司の指示をとりつけていた。第一部長はヘンリー・レノックス卿であった。彼はこの仕事には全く適さない人物であった。彼は怠け者であり、その上むっつりとしていた。ディズレイリの古くからの同僚であったので、レノックスはより高い役目に任命される資格があると彼自身は考えていた。実際閣僚の一員として、海軍大臣になると内心思っていた。彼はディズレイリに腹を立て、そのことを言った。バーティが計画書の説明に行った時、レノックスは下院で弁護する立場であったが、ほとんど全くその説明を聞いていなかった。その時運よく下院の議員たちがその様子を見て、全くやる気がないレノックスのことだから、罪を受けないで、その仕事をやっていくだろうと言っていた。

レノックスはバーティによって始められたすべての改革案に反対した。そこで、遂にバーティは自分の辞任を首相の判断に任せる決意をした。その結果は調査されることになり、バーティの見解が支持されることになった。レノックスは一八七六年に辞任することになった。それ以降バーティは保守派も自由派もすべての行政上の上司たちにより良い理解を得ることができ、それらの人々もバーティの説明を注意して聞いてくれるようになった。このことは幸運であった。なぜならばその後しばらくの間、議員たちが工部省の説明により多くの注意を払い始めたからだ。特にランドルフ・チャーチル卿がグラッドストン政府に対して保守的な反対論を激しく始めた時であった。バーティはランドルフ卿が好きであったので、バーティが思うのに特に騒然とした問題で彼が第一部長を攻撃していた頃、ある時ある日の朝公園で彼に会ったので、「どうかお願いだから、私のまずい計画書のことは放っておいてください」と言って頼んだら、ランドルフ卿は「大変残念だが、政府に苦言を呈さなくてはならない」と返答した。

工部省に在任した十二年間のバーティの功績はかなりのものであった。バーティの行った仕事の大部分は現在でも遺っている。バーティはハンプトン・コートやロンドン塔の改修を実施し、ロンドン市内のロイヤル・パークの改良工事やハイド・パーク・コーナーの改修を行った。

彼が行った仕事を考える時、人は彼をこの任に選任したディズレイリの素晴らしい賢明さに強く感動させられたが、それはまた幸運でもあった。なぜならバーティを頭の良い若者としてこの任に抜擢した首相が、この指名がどれほど適切であったかほとんど気づいていなかったからであった。と言うのは、バーティは賢明で、機転が利き、素晴らしい計画立案者であっただけでなく、様式や特性に天性の才能があった。また彼はこの分野が好きで、まさにこの立場にある者に求められている才能の持ち主であった。彼の美的見解は現在では少し適応しないが、実際彼の見解の一部には今ではやや変なところがある。彼は彼自身の基準によって、彼の時代のやり方で仕事をしたのであって、彼の判断は正しかった。彼はジョージア様式には少し気が進まないところがあり、この時代の様式について彼の著書『石の悲劇』（*A Tragedy in Stone*）の中で「英国中にある一番優れた遺物の多くにとって運命的な出来事であって、テューダー期やそれより初期の絵画のように美しい古い領主の邸宅が、鑑賞力の不足から何十軒もギリシャ風の寺院やイタリア風の別荘に無慈悲な方法で建て替えられている」と書いている。現在の慣習には鑑賞力が欠けているのではなく、十八世紀の建物は世界史の中で明らかに最も趣味がよかった時代であったと思うべきである。バッツフォードは、この時代の建物様式へのミットフォードのリベンジであった。彼は以前の邸宅の痕跡から推定すると、それは魅力的であっただけでなく大変大きな十八世紀風の大邸宅であったが、わびしいビクトリア・テューダー様式の建物に変えてしまった。彼が主張する美的理論からは予期に反するものであるが、彼の述べている事実はその通りである。英国の中世期からテューダー期の重要建造物はジョージア時代およびそれ以降の時代に朽ち落ちるままになっていたか、あるいは当初の様式と一致しない方法で時々改修されていた。それらの建造物に美的な同情心を抱いた人々によって修復されたことは幸いであった。

　ハンプトン・コートの宮殿はバーティが行った最初の重要な仕事であった。その宮殿は酷い状態で放置されていた。キングズ・ビースツは大ホールの大部分の屋根が崩れ落ちて、多くのレンガ造りが崩れ落ち、石膏が塗られ、落書きだらけであった。必要な修理は一度には無理なので、バーティは政府から年間五百ポンドの補助金を確保した。その金額は当時何年間も続く修理作業を実施するのに充分であった。また宮殿で働く人々で初期消火作業をするための組織も作った。

ロイヤル・パークの管理問題が、自身において熱中することとなったとバーティは言っている。ハイド・パークの花壇はしばらく以前に作られたが、どちらかと言えばやや初歩的なものであった。樹木は密集して植えられていた。灌木も野放し状態に育ち、退化していた。バーティはそれらの問題を手際よく処理した。そして、苦労しながらとても有能な素人の植物学者、特に樹木と灌木についての専門家になった。彼はすべての公園に多少の改修を実施するように主張した。デルと呼ばれているサーペンタイン公園の低地一帯は彼が創作したものである。

彼の言葉によれば、「私がハイド・パークの管理を引き継いだ時には、現在のデル一帯は暗くなってから幾種類もの野鳥たちのねぐらとなり、また望ましくない者たちの巣となっていた。彼らは灌木の中で眠り、毎朝たくさんの人々が汚物を取り除かねばならなかった。私はこのような悪評を取り除きたいと決心した。私は登ることのできない塀を作り、その場所に亜熱帯庭園を造り、シュロの木、シダの木、センネンボク、その他美しい草木を植え、小川には水仙やゼンマイなどを植えた。そしてその場所を目障りでいやな場所から、現在のような状態にした。

彼はロッテン・ロウのそばにロードデンドロンを植え、花壇を大幅に拡大した。ハイド・パーク・コーナーはその当時いつものように大規模の交通渋滞の起こる場所であった。必要なことはグロスブナー・プレイスへの通路をより幅広くすることであった。この問題は、デシマス・バートンのアーチをコンスティテューション・ヒルの頂上に移動させることであった。この案はディズレイリ首相がひっくりかえした。彼は資金を出すことを望まなかった。そして、ハイド・パークはロンドンの素晴らしい景色の一つを失うことになると言った。しかしながら、その計画は一八八四年に実行された。そしてその新しい計画は交通渋滞を解消できないままに続けられた。ハイド・パーク・コーナーは一九六〇年代後半には再び変更された。

バーティはまたウィンザー城の大改修も行った。しかし、彼の心の奥底にあった工事は疑いもなくロンドン塔の改修であった。ローマ時代まで遡る場所での大改修工事は、英国で最も歴史に遺る工事になるだろうと思われた。そしてこのことはハリソン・エインズワースの『ロンドン・タワー』を読んだ少年の頃からバーティの心を魅了してきたことであった。バーティはそれについて『石の悲劇』の中でタワーの改修作業の努力の様子を述べている。その任を担った技術者はジョン・テイラー卿であった。バーティは彼を信頼していた。しかし管理上の立案者はバーティであった。その建物は手入れがとても悪かった。アルバート王子はしばらくの間その問題を処理する責任を引き受けたが、実際には一八六一年にアルバート王子が逝去したために、それ以来何もなされなかった。

最初に取り組まれた建物はセント・ピーター・アド・ヴィンキュラー教会であった。この教会の下にはタワー・ヒルで処刑された有名人の多くやその他の理由で死んだ人々が葬られていた。ヴィクトリア女王自らの励ましもあって、バーティの部署がその作業を担当することになった。バーティの言葉では改修の余地は全くなかった。と言うのは改修できる箇所がほとんどなかったのである。その建物の装飾品の外観、いや、その建物の尊厳や神聖さや尊敬の念もずっと以前に取り除かれていた。ペンキを塗った松材に替えるなど、ジョージア期の公共物に対する破壊行為的な石膏処理がなされていた。今日の我々にとってはそれがおそらく本当に魅力的に思えるのかもしれないが、そんなことは別にして、大切なことはその建物自体を保存することであった。その建物自体が崩壊して地下埋蔵物になってしまうかもしれない危険性があった。ヴィクトリア女王は、地下の埋葬墓地は充分注意して取り扱い、埋葬されている人物が誰であるかを識別する努力をするように条件を提示された。そこでバーティは教会の基礎部分を掘り出す作業を始める前に、考古学者や解剖学者を同席させることにした。教会の本体の地下には興味のあるものは何一つ見つからなかった。古い墓は塔の内部で偶然死んだかもしれない人物を埋葬したもので、かき乱されていた。しかし教会の内陣の地下には、ある程度の確信を持って誰の墓であるかを識別できる複数の墓を見つけることができた。第一はヘンリー八世の第二夫人アン・ブーリンとエドワード六世の後見人であった「プロテクター」のサマーセットと、ジェイン・グレイ夫人に代わって謀反を起こしたノーサンバーランド公爵などであった。ジェイン夫人自身の墓は見つけることができなかった。ヘンリー八世の第五夫人キャサリン・ホワード、ジェイムズ二世に反逆したチャールズ二世の息子モンマス公爵の墓が見つかった。修復作業が完了した後、遺体は新しい鉛で裏打ちされた棺に納められ、それぞれの棺の内部の人物と思われる名前が付けられた。

セント・ピーター寺院の作業が終了してからバーティと彼の部署はロンドン・タワーの残りの建物の作業に取りかかった。大部分は倒さなければならなかった。「あらゆる再利用可能な人目に付かない場所や隅は、その場所の美しさやロマンチックな興味を持たせる場所に少しの配慮もせずに建てられ、品のない掘立小屋同然で建てられているように思えた」。バーティは内心では陸軍の倉庫やその他の目的に用いられた多目的で雑用の建造物は管理状態が悪く、壊しても異論はほとんどないと思っていた。しかし、一七八八年に焼け落ちてしまったタワーに代わって建てられた大規模の軍隊用の倉庫は、形の悪いその他の建物と共に多少とも以前の姿に戻された。

やがてバーティは花嫁のクレメンタインと一緒にチェルシーに住むようになった。彼女は始めの間金銭問題に上手ではなかった。二人が結婚した当初、彼女のために一定の金額を決めて、彼女のための銀行口座を開いた。彼女はその全額を使い切り、彼女の口座の収支の赤字は毎月大きくなり、その数字が大きくなるのを楽しむ癖が付いてしまった。誰一人赤字の数字が当座借越であることを説明しなかった。遂にバーティはその借越金を全額支払い、彼女に口座の財政状態を説明した。二人は仲がよく幸福な夫婦であった。子どもたちも大きくなり、成年になり始めていた。工部省に勤務していた十二年間に六人の子どもに恵まれた。一八七五年にフランシス、一八七六年にクレメント、一八七八年にデイヴィッド、一八七九年にアイリス、一八八〇年にバートラム、一八八四年にジョン、その後バッツフォードに移ってから一八八七年にジョアン、一八九五年に双生児のルパートとダフネが生まれた。その期間は仕事の他、彼の家庭生活はよい時代で、バーティにとってもよい時代であって、楽しんで過ごしていた。独身時代から続けていた活発な種々の社会活動も続けていた。さらに興味ある友達が何十人もいた。その人たちの中の二人とは、共にチェルシーに住んでいたので何回も会っており、画家のホイッスラーと歴史家のカーライルであった。その当時のチェルシーはロンドンの他の部分とは離れていて、それ自体田舎であると感じられた場所であった。バーティは「もしロンドンの中心部にいたら仲良くなりえないような人物がすぐ隣に住んでいるような状態で、チェルシーではそれが全く異なっていて、我々は全くの隣人らしく付き合っていた」。

ホイッスラーは今でもそうであるが、当時は彼の絵が有名であっただけでなく、冗談でも有名であった。ホイッスラーは『敵を作る優しい技』（*The Gentle Art of Making Enemies*）と呼ばれる書物の中に数編の同情心のない文章を書いていた。ホイッスラーはよくバーティやクレメンタインを訪ねてきて、その書物の素材になった数編の論文や手紙を持って来て、大声で読んで彼自身の機知ある表現について大笑いをしていた。バーティはその中の最も良い著述は出版するにはあまりにも中傷的であると言っていた。バーティはホイッスラーを画家としても尊敬していた。そしてまたホイッスラーが世間からもっと高く評価されないのは気の毒だと言っていた。しかし一つの理由は彼自身のいくつかの作品を借金取りの手に入らないようにするために、その作品を自らの手で引き裂いていたことである。バーティがホイッスラーを訪ねていった時、彼は狂わんばかりに激怒して名作のいくつかを粉々に引き裂いていた。その時支払うことができなかった三十ポンドの惨めな借金のためであった。ホイッスラーの友人の誰一人も彼のその代金を貸してくれる者がいなかったとバーティは言っていた。しかしホイッスラーは誇り高く、借金を申し出ることができなかった。バーティの気持ちをもっとも立腹させたのは、完成したばかりのクレメンタインの肖像画が破られた作品の中に入っていたからであった。

話し好きで有名な口論ばかりする相手の一人はオスカー・ワイルドであった。そしてバーティの言葉では身体が大きくて太った男と身体が小さくて小人のようなホイッスラーとの一組の口論は確かに聞き応えがあった。しかも重量の少ない方が勝利のベルトを獲るのだとバーティは言っていた。バーティの言葉ではワイルドは頭が良いが、独創性がないし、外見は愚かに見えたと言っている。この前彼に会った時は、キングズ通りを茶色のフロック・コートを着て踏ん反り返って歩いていた。安価な毛皮の装飾を付けたコートを着て、頭には中国のパゴダ塔の屋根のように反り上がった縁のある途方もない帽子を被っていた。彼の大きな広がった脚は、ピッタリしたズボンの裾の濃く光沢のある長靴から外に引き出されて目立っていた。ホイッスラーは虚栄心が強いのかもしれないが、いたずら好きの小妖精の相手はキャリバンだ。

カーライルは、バーティの家族やクレメンタインの家族の両方と古くからの友人であった。彼は今では年老いていた。彼の妻ジェーンは、バーティとはお互いにとても特有の難しさがあったが、しばらく以前にはそれもなくなっていた。人々はカーライルのことをややおそれていたが、バーティはそんなことはなかった。それはバーティが子どもの頃からカーライルを知っていたからであった。バーティは明らかにカーライルのお気に入りであった。と言うのはカーライルが他の人にはタバコの火を付けることさえ許さなかったのに、バーティに対しては彼の書斎でタバコを吸うのさえ許していた。カーライルはバーティの『日本昔話』を称賛していた。カーライルはその本を「冒頭から終わりまで」読んだが、あまりにも血なまぐさい殺人の話が多すぎるとバーティに話した。カーライルの話は彼の非凡な著述と似ているように思えた。印象的で、非常に特色を与えて、注意を引きつける言葉の言い回しで満たされていた。グラッドストンと同じように酷く立腹していた問題の、ブルガリアの残虐行為のような問題について彼が長い手厳しい非難の一つを書き終えた時、彼は大声で高笑いをした。このことについてバーティは、このように大声で高笑いをすることに人々の注意を向けるのは非常に独特で、とても意味深く暗示的であると記している。フルード以降の人々でカーライルの会話の多くを記録してきた人々は、彼に性格の悪い、不満を抱いた人であるという印象を与えていた。彼が厳しい言葉で厳しいことを述べてきたことは事実である。しかし彼のいわゆる皮肉と言われていることの多くは誤解だと私は思う。バーティはカーライルのことを親切で、大雑把な言い方では理解のある人だと思っていた。

この時期のバーティの生活は、一八八六年に終末が近づいていた。その年にリーズデイル伯爵が死去した。バーティの父親ヘンリー・レヴェリーは一八八三年に死去し、双生児の兄パーシーは一八八四年に死去した。もう一人の双生児ヘンリーは家族から縁を切り、ドイツに行ってしまった。そこでバーティはバッツフォードの大きな領地と少なからぬ責任と共に遺産相続をすることになった。バーティは工部省の仕事を辞めねばならなくなり、田舎に引っ越した。グロスタシャーでの彼の役割を委嘱することのできる他の人物はいなかった。いずれにしても、彼は古い伝統も好きであったし、社会的な身分も気に入っていたので、気まぐれ的に楽しむのも悪くないと思っていた。

バーティの辞任は本当に惜しまれた。その当時の首相はグラッドストンであった。彼は以前からの政敵であったディズレイリと同様に、バーティの能力を高く評価するようになっていた。通常の丁寧な言葉使い以上にバーティの辞任に対して心から残念に思っていることが、次のバーティ宛ての手紙を読めば簡単に理解できた。

貴殿の辞任の表明をとても大きな無念な気持ちで受け取りました。同時に貴殿が現在の義務を放棄するとは思わず、合理的な正当な理由であると認めます。しかし、その立場に必要な種々の高度の素質を貴殿と同程度に備えた人物で埋め合わすことは非常に難しいと思っています。

ヴィクトリア女王も彼女の秘書のヘンリー・ポンソンビー卿を通じて「女王は貴殿が工部省での任務を、女王の完全な満足であるだけでなく、公に対しての大きな利便になることを証明する方法で果たしてくれたと考えていると言っている」と述べた。これはまた確かに単なる儀礼を超えてそれ以上のことであった。事実バーティは適材適所の人物であって、素晴らしい仕事をした。

第８章　爵位ある人の人物像

それから一八八六年になるとバーティはチェルシーの屋敷を売却し、クレメンタインと六人の子どもたちと一緒にバッツフォードに引っ越した。彼はすぐにグロスタシャー州の総監代理副官や下級司法官に任命された。その当時の下級司法官は、本来の裁判の職務以上の仕事もしていた。四季裁判所の会議は、現在では選挙で定められた地方の公共事業団体で行われていて、とても多くの役割が課せられていた。これらの会議は三日間続けて実施されていたが、バーティはこれらの作業を概して楽しんでいた。

我々はグロスター市内にある裁判官宿舎に泊まり、その州の遠方から来ている人々と色々な出来事を語り、意見を交換する機会を持った。四季裁判所は業務の処理の他に楽しい社交場のような趣があり、とても楽しいクラブの性格もあった。いつも出席するメンバーは全員有能で、教養があり、博識であった。今は引退してから長くなるが、一人の魅力的な男は少し博識すぎるところがあった。彼は自分の学識を大変自慢していた。特に私の嫌いな退屈な古典学者のキケロについての知識を自慢していた。ある日の夜、酷い頭痛で食事もできずベッドで寝ていた時、私の友達が同情して夕食後に私の部屋に訪ねて来てくれた。彼は私のベッドに腰掛けて、一時間以上キケロの話をしてくれた。逃げ出すこともできずに、横になったままで、この話が書かれなかったらよいのにと願いながら『友情について』(*De Amicitia*)の中からの引用文を黙って辛抱しながら聞いていた。とにかくその私を苦しませているものに頭がズキズキすることから解放して、静かな孤独の世界に入れるようにしてほしいものだと願っていた。

従兄のリーズデイル伯爵を記念して、バーティが荘園領主をしているモートン・イン・マーシュの地にリーズデイル・ホールを建てた。その建物は一八八七年に完成した。それはバーティの几帳面さだけでなく気前よい行為として領主の義務を果たす初期の意思表示であった。バーティが遺産相続をしたのとほとんど同じ頃、彼は古い十八世紀風の建物を壊し、それの代わりに現在のヴィクトリアン・テューダー様式の建物に建て替えた。これは費用のかかる作業であって、我々には全く残念なことに思えた。シドニーは『五つの屋敷』のなかで「デイヴィッドが八歳の小さな子どもの頃、古い屋敷から窓が壊されるのを見て一人でその場を離れて泣いていた。デイヴィッドが立派な古い屋敷や一家の財産のために嘆き悲しむのは当然のことだった」と語っている。

バーティは直ちに農業について学ぼうと気持ちを切り替えていた。彼自身は農民ではなく、彼の土地はほとんどすべて貸地になった。しかし時世は土地を離れている者にとって悪く、農作業は適さなかった。多くの小作人と、彼自身も含めてどのように対処すればよいかの提案を求めた。良い荷馬車用の種馬を購入するのがよいと提案したのが小作人の一人のジョン・ティムズであった。ティムズが指摘したように、この州一帯に妥当な荷馬車馬はいなかった。だから良い荷馬車馬を繁殖させることは耕作を改善するのにもまたお金儲けにもなるだろう。バーティはその提案を採用して、ティムズと一緒に販売会場を巡りはじめた。しかし販売会場でバーティが購入したのは種馬ではなく、チャンスという雌馬であった。この六歳馬は獲得できるほとんどすべての賞金を獲得した。バーティは自分の名前ではなくチャンスの所有者として馬の愛好家たちに知られるようになった。バーティはチャンスに五百二十ギニーの大変高い代金を支払った。やがて二頭の種馬を購入したが、それらの馬も賞金稼ぎの馬であった。バーティの種馬飼育場は瞬く間に州内で最も成功したことの一つとなった。これはひとえにティムズと息子のウィリアムの手腕であるが、バーティ自身の鋭い眼識もそのことと大いに関係があった。バーティの娘ダフネ、レディ・ダナムは、父親は動物の善悪を見極める特別の確かな眼識を持っていたと言っていた。彼女自身も犬については専門家で、犬の品評会で審査員をしたことがあった。彼女は「良いラブラドール犬とそうでないものとの見分けはできるが、良い犬の中から最良の犬を選び出すことができるかは確かではない、しかし私の父はできた」と言った。荷馬車馬が馬の世界でバーティの名前を有名にしたが、数年後にはこれらすべてを失った。

バッツフォードでの最初の数年間は田舎での生活や地方での仕事に熱心に取り組んでいて、ロンドンへ行くのはやや少なくなっていたが、一八八九年にヨットを購入して、王立ヨット協会会員に選出された。しかし一八九二年バーティは、ストラドフォード・オン・エイボンの国会議員に立候補することを説得された。その席は保守党にとっては安全ではなかった。しかし彼はかなり楽に勝利できた。彼は後援会団体の自由連合の支持を得ていた。自由党員はグラッドストンの国内法に反対して彼ら自身の党から分離していた。これにもかかわらず自由党が全国的に勝利した。

バーティは三年間だけ議員を務めた。グラッドストンの後継者のローズベリーは一八九五年に総選挙を行った。バーティは大喜びしながら「庭園作業や馬の世話や雑用作業に戻れる」と言っていた。彼はトマス・ボウルズとの関連で相続税の導入が首尾よく行かなかった。彼はアイルランド自治法案に関しての激しい争いを目撃した。大抵の議員たちと同じように重要な出来事に加わることを楽しんでいた。ジョゼフ・チェンバレンとアーサー・バルフォアはバーティが尊敬していたらしい二人の政治家であった。彼はまたグラッドストンも大変尊敬していた。そして相続税について責任がある大蔵大臣のウィリアム・ハーコート卿とは良好な個人的な関係があった。バーティは本当に明敏な政治家として政党員になるには充分でなかった。工部省では両党と平等に上手く仕事をしていたので、このことで彼にはやや気を緩めるところがあった。五十五歳になっていたので彼は新しい習慣を身に付けるには老いすぎていた。バーティは『回想録』の中で、議員生活を経験したのは満足しているが一期間で充分だと感想を書いている。バーティは一九〇二年に貴族に任じられ、リーズデイル男爵の爵位が授与された。

これからの彼の最大の関心は庭園作業であった。工部省在任中の期間は以前にも述べたが、専門の植物学者になることであった。その原因の一つはキュー植物園の園長ジョゼフ・フーカー卿の影響が大きい。バッツフォードにいた三十年間、彼の新屋敷建設に過ごしたのと同じ努力で庭園と植樹園を改善してきた。一八九六年には英国の環境の下で竹やその他の外来種の植物を利用することについて説明した、『竹の園』（*The Bamboo Garden*）と呼ばれる書物を出版した。その書物はジョゼフ・フーカー卿に称賛され、またおそらく外来種の植物に対しての流行にいくらかの影響を与えていると思うが、「この書物は植物を育てるのに充分な庭園を所有している人々にだけ興味を持たれるのだろう」とバーティは述べている。

植物はクレメンタインの健康には適さなかった。彼女はバッツフォードに滞在しているとしばしば気分が悪くなった、これは外来の植物の花粉によって引き起こされていると考えられていた。しかしながらクレメンタインは誠意をもってそれに耐えていた。バーティは種々の用件でロンドンに出かけていたが、クレメンタインはおそらくバーティより長い時間バッツフォードに滞在していたのは事実であった。バーティはウォレス・コレクションの公認受託者となり、自分自身で写真を撮っていたため、王立写真協会の会長に選出された。

バーティは常にウェールズ皇太子の友人であった。皇太子がエドワード七世になった時、バーティをウィンザー城やサンドリンガムその他の王室邸宅の造園相談役に任命し、大いに利用した。エドワード王もバッツフォードに泊まりに来ていた。王の子孫たちが皆バーティの庭園アドバイスに満足しているわけではなかった。第二次世界大戦中、バッツフォードの邸宅は、所有主のダルヴァートン卿が今なおその中で生活していたのに大部分が軍職員に占領されていた。ジョージ六世が視察にやって来た時、ダルヴァートン卿が庭園を案内した。

「あなたはヤナギタデの木のことで苦労したことがありますか」と彼は口ごもりながら尋ねた。

「はい、あります」とダルヴァートン卿は答えた。

「老リーズデイルが私の祖父にサンドリンガムでヤナギタデの木を植えさせたので、我々はその木を取り除くことができないのです」。


老齢がバーティの身に迫って来たが、彼の子どもたちは次々に大きくなり、世の中に巣立っていった。彼自身はバッツフォードの庭園の改良、動物の飼育、研究、著作、彼が興味を持っている委員会、評議会、協会の仕事に疲れを知らずに貢献しながら有益で忙しい生活を送っていた。コッツウォルズの貴族たちには好かれていて、彼らは彼のことを仲間の一人として認めていた。バーティがすべての州問題を分担し、彼らに世慣れた人間の熟達した魅力を与えていた。バーティにはそれに加えて学者や旅行家としての魅力が備わっていたので、特別の尊敬の念を持たれていた。不幸なことであるが、彼は絶えず自分の収入をかなり超過して使っていた。家族についての噂話の、その問題の一部は信頼していた使用人による使い込みであった。これが本当ならばその男は不名誉な汚名を着せられることなく解雇されるところであったが、この問題は揉み消された。シドニーは新しい邸宅と労をいとわない庭園の改良が、バーティの賄える能力を超していたからだと主張している。バーティの生涯が終わる数年前から表面化してきた金銭問題をこれ以上説明することはおそらく必要ないだろう。その問題のため、バーティの死後一家はバッツフォードの屋敷を維持することが不可能になった。ところで、彼の存在は人目を引いていたが、その建物の構造は全く堅固なものではない、という見分けの付く兆候はなかった。一家は皆教会での礼拝に熱心であった。このことは当時普通であった。しかしその当時の風潮で、バーティ、クレメンタイン、彼らの子どもたちは特に熱心であった。バーティの長女フランシス（パッシー、ピュウマ）の夫のアレック・カーシィが後年このことはバーティが信心深かったからかどうかを尋ねられた時、彼は「このことは全くクレメンタインのほうが信心深く、バーティは異教徒であった」と答えた。彼は勿論異教徒ではない。彼は自身の宗教を信じ、偽善的な気持ちは全くなく、ただ慣例に従って合わせていただけであった。彼は単に熱しやすい人と呼ばれているようなことはなかった。

バーティは日本、庭園、美術の歴史についての講演を依頼された。公の仕事での彼の役割は今では主に儀式に関係するものであった。彼は品位のある人物でそのことを弁え、それを楽しんでいた。現代的な慣習は、もし実際におかしくなければ少なくとも余計ではない。その慣習に同意しようがしないかにかかわらず、その当時その勢力がなければ、バーティのような人物が本当に大切であるとするにふさわしいと考えることができた。彼の場合、これは思い上がりとは思われない。バーティは内面的には彼の鋭い知力と外面的には彼の立派な振る舞いによって、絶えず仰々しさからはほど遠かった。彼の知力は彼の見識を新鮮に、彼が常に色々な発想を生み出すことを可能にし、彼の態度に対して、生意気な態度が若者の失礼であるのと同じように老年者の失礼な態度に対して地位を乱用して勝手気ままにしていると言われることを防いでいた。

権威ある人物として、バーティは色々な成功を収めた。これらの一つはカウズ週間の行われた一九〇五年であった。それ以来今まではるかに大切な社会行事となった。レガッタ競技でさえ、ある種の政治的で外交的な意義を持つようになった。なぜならば、エドワード七世が熱心なヨットマンであっただけでなく、彼の仲間の君主たちの多くもそうであったからだ。エドワードのライバルで横柄な甥、ドイツのウィリアム二世も有名になっていた。熱心なヨットマンのトマス・ボウルズも、カウズ週間には彼と同じ立場の他の連中と同じようにこれを軽蔑していたが、誰一人彼らを見逃す者はいなかった。航海技術を見せびらかすには良くない瞬間であった。ヨーロッパ各地の金持ちたちが楽しみを求めて集まって来ていた。またこの時期は世界中の海軍が儀礼訪問をする時でもあった。一九〇五年に、英国の古くからの敵対国との間で英仏和親協定がエドワード七世の意向により成立した。エドワード七世は、「お菓子は議論より価値がある」と歌っているフランスの子守歌の中の子どもにどこか似ているところがあった。子守歌の意味の大意は「私は議論よりお菓子のほうが好きだ」ということだ。

婦人たちとシャンパンのあるフランスはエドワードにとっては「お菓子」であり、彼自身の誠実な父親の故郷であり、自惚れの強い哲学者たちの国ドイツは「議論」を表していた。たとえエドワードが一生アルバート王子であったとしても、同盟の変化はおそらく起こっていただろう。なぜならドイツは一八七一年以来ヨーロッパで最強の勢力であり、ヨーロッパでの英国の政策は第二の勢力に守られ、勢力の均衡を絶えず保つ必要があった。

しかしながら、フランスとの和親協定への動きが一九〇五年にフランス海軍の小艦隊がカウズへの儀礼訪問に対しての特別の意義を与えたのかもしれない。昼食会がフランス国に対して開催され、バーティがフランス語で歓迎の言葉を述べるように頼まれた。おそらく彼を選んだのは王であっただろう。なぜならば、王はバーティのフランス語が完全であることを知っているからだった。彼ら二人は昔一緒にパリやビアリッツのチョコレートを楽しんだことがあったからである。バーティのスピーチは流暢で、適切で、熟考された内容であった。バーティはそのことを誇りに思っていて、彼の『回想録』の中に全文を載せていた。ある説明では、サフィールド卿は自身の『私の回想録』の中で、歓迎の言葉が述べられた時、実際にセンセーションを巻き起こしたように感じたと書いていた。

バーティがあまりにも見事に挨拶をしたので、フランス人の士官たちは涙を流した。将軍カイヤールは返答の言葉を数語しか話せなかった。士官たちは、英国人がフランス人でもできる人が少ないほど流暢にフランス語で挨拶をしたことに驚いていた。私は旧友の反対側でフランス大使の近くに座っていたが、大使の眼には私と同じように涙があふれていた。その日の夜の将軍の艦でのパーティでは、リーズデイルの挨拶がほとんど唯一の話題となった。フランス人たちは彼のことをどれだけ褒めても褒めきれないほどであった。

次の引用文はダイアナの言葉であるが、彼女は「もし私がフランス語で話したら彼らは怒鳴るだろう、そして怒鳴れば激怒するだろう」と述べている。

翌一九〇六年の始め、彼の国家の仕事にバーティの能力を発揮する範囲を広げることになった。それは日本と同盟協定を結ぶ英国の政策であった。日本は一九〇五年の日ソ戦争においてロシアを破り、極東での支配力を打ち立てたばかりであった。明治天皇や彼の側近たちは、この前バーティが彼らに会ってから何もしなかったわけではない。彼らが西洋に圧倒されることを避ける唯一の方法は、西洋の技術を採用して、国家を効果的に統一することであった。またこれらを共に急速に達成することであった。軟弱な構造の封建的な国家の日本を解体し、社会全体を造り直さなければならなかった。天皇が将軍を打ち破るのを手助けした同じ独立した大名たちは、彼らの地方での権力や家来たちをあきらめなければならない。それには彼らの国の一つである薩摩を短期の戦いで服従させ、その他の大名たちは天皇の大昔からの威信の前に、自主的にその地位を放棄することが必要であった。その当時の世襲君主は西洋の君主と同格の立場に変わり、議会や大臣や五つの階級の貴族と張り合わねばならない。役立つ例として、バーティによれば、会議での作法は大部分ベルリンのものに基づいているが、ビスマルクのドイツのものが相応しいという。バーティはこれについての意見は述べていない。しかし我々にとっては西洋文化の種々ある中で、プロイセン精神に彼自身の君主に対する忠誠心や国家に対する身代わり的な忠義の感情を彼が抱いたことがあったので、侍の気持ちに最もよくアピールしそうであった。軍事勢力は西洋式に再編成され、軍事産業が設立され、教育もドイツ方式で再編成された。芸術すらも旧来の中国様式を辞め、代わりに西洋様式を真似るようになった。これらの最も顕著だったのが音楽であった。宮廷でも洋服が採用された。最初ヨーロッパ人たちはこれらすべてをやや風変わりで面白いと思っていた。しかし、日本がロシアに勝ってから事態は急激に変化した。それは突然英国が本気で日本を世界中に勢力を広げている大英帝国の有益な同盟国とした原因となった。同盟協定がなされ、締結された。日本は連合軍の一員として第一次世界大戦に参加した。

その同盟を堅固にするために英国側が行った動きは、天皇にガーター勲章を贈呈することであった。そしてその勲章を贈呈するために王の甥のプリンス・アーサー・コンノートとバーティを含む高官の随行員を送ることであった。また天皇に贈呈することの他に、英国で最高の勲爵位を三人の日本人の将軍、山形将軍、大山将軍、東郷元帥に贈呈することであった。この勲章を受けた外国人は非常に少なく、彼らが実際には最初であった。しかし功労賞は騎士道の勲章ではなく、ガーター勲章とは色々な面で異なる勲章であった。メルボルン卿はその賞には何の名誉も付いていないと述べた。バーティはよく知られた日本通であり、日本語も話せたために使節団の一員に選ばれた。

使節団は一九〇六年一月十二日にマルセイユから出発した。そして地球を右回りに旅をして、日本への行き帰りに航路上にある大英帝国の色々な地域を訪問した。バーティのこの旅行の説明はとてもうんざりするものであったが、勿論彼はその旅のすべての瞬間が気に入っていた。バーティは日本におけるパークスとサトウの仕事は最高のものと考えており、できることなら自分の名前も付け加えたいと思っていたが、勿論、謙虚であったからそうはしなかった。英国と日本の両国の式典は彼に深い感銘を与えた。富士山の姿を最初に見た時から、うきうきする気持ちが湧き始め、この国を再び見ることができただけで深い感銘を受けていた。バーティの孫娘たち、ナンシーとユニティは二人ともやがて外国で暮らすようになったが、もし彼女たちがそれぞれドゴールとヒトラーにガーター勲章を贈呈する手助けをしていたら、バーティが感じたのと同じように感じたかもしれない。ナンシーの場合喜びは彼女の冷笑的な気持ちに打ち勝つことはなかったろう。しかしバーティの場合、その気持ちは確かに大変なものであった。バーティの書物『日本へのガーター使節』(*The Garter Missions to Japan*)は風刺漫画ピッタリに過度の敬虔さをもって書かれていた。確かに、彼自身適切でないところがあることは解っていた。「歓待の続く様子を記録すること、それぞれを完全に、それぞれを上品に暖かくもてなす様子を記録し、変わらず心からの熱意を込めて記録することは容易ではない。もしそれらの中のたった一つでも何か小さな失敗があったなら、何か指示の誤りあるいは省略があったなら、そのことは私の文章に対して多様性の面白みと非難の気持ちを与えていただろう」。人は要点を突くものである。野外劇は決して高等なドラマにはなりえない。しかし、たとえバーティが知識人たちでさえ今日しているように激しく冷笑しなかった時代に生活していたら、彼はおそらく色々な些細な外交的な器用さをこれほど誠実に書き留めなかっただろう。「将軍、トーマス・ケリー=ケニー卿は現在の品種の馬はあまりにも小型だから、日本の馬の品種改良を行うことについての話をした。すると将軍はそのような場面に相応しく、『最も良い仕事をするのは必ずしも大きな馬や大男であるとは限らない』と返答した。陛下はすぐその比喩を理解して、そのジョークを聞いて喜んで含み笑いをした」。『日本へのガーター使節』の中のジョークでこのレベルに達しているのは数が少ない。

今日の我々にとってのこの本の興味は、どんどん現れる新しいことの特徴の方が、古い日本の姿が残されていることより多くあることである。バーティは日本の鋼鉄艦が建造されている、あるいは拿捕されたロシアの戦艦の改造が行われている海軍の造船所を訪ねている。バーティは技術的な詳しいことは理解できなかったが――「私にはこちらの旋盤もあちらの旋盤も全く同じに思えた」――しかし彼は近代日本のいわゆる「産業封建主義」の主要な点は把握していた。

仕事！　仕事！　仕事！　これらの日本の職人ほど熱心な人々はいなかった。有名な海軍元帥や将軍の随行者たちを従えている英国の王子がその場にいても、彼らは旋盤やハンマーやヤスリから一瞬も眼を離そうとする者はなく、ただの一瞬も金属と金属を打ちつける音が止むことはなかった。それは職人一人一人が帝国の運命が彼や彼の仕事に懸っているように感じているようであった。ここに労働の本当の精神、騎士道に適った仕事がある。毎日一日が終わる時、自分で自分自身に「よくやった。善良で忠実なお前よ」と言うことができるような気持ちにさせてくれる抱負である。

要するに、バーティはリップ・ヴァン・ウィンクルになったように感じていた。「私はずっと眠っていて、頭の中で何百年も過ぎ去ってしまっていた」。バーティはもはや横浜の様子を思い出すことはできなくなり、若い世代の日本人が彼に以前日本に来た頃のその様子を尋ねたが、既にその時代は「昔」となっていた。使節団のために公開されていた展示物の一つは、大大名の一つが公式の行列をしている様子を描写したものであった――その光景は明治維新以前には日本の主要街道で普通に見られたものであった。

大名行列に必要な手回り品は見つけるのが難しく、昔の城などで使われていた食器類や、遠方の土地の馬は展示するためには探し求めねばならない。このような局面の管理は難しかった。彼らが領地に来てからこのような行列を見たことのある者で、今でも生きている者は少ないだろう。いや、このようなことの命令を受けた者はおそらく誰もいないだろう。指導者たちが気取って会場にやって来て、若い日本人たちや特に君子たちの一人が私の方を振り返りながら尋ねた。「あなたはこのような行列の実際の姿を何度か見ているので、これで正しいでしょうか」と尋ねた。実際それは大変正しかった。

彼が若者たちに説明した説明によると、威張り回して歩いて先頭を進む者が先行し、八人の旗手や武術指導者たち、彼の護衛者たちや随行者たちに付き添われて地位の高い人物が通り過ぎる時、見物人は地面に頭を付けてお辞儀をしなければならない、この様子は異国風の一枚絵のようであった。

バーティは今回の旅行中、彼の年齢六十九歳にしては体力的にはとても元気であった。彼は使節団の他の団員と一緒に、丸一日雨の降る中で一種の捕虫網を使ってカモを追いかける奇妙な競技に参加した。この競技は彼がこの前に日本にいた頃には行われていなかったが、一八七〇年代に皇族の娯楽として考案されたものであった。バーティは全身ずぶ濡れになったが、彼らの中で一番多くのカモを捕まえた。

当然いくらかではあるが、バーティは侍たちが武装解除されていたので安心していた。通りを歩いているヨーロッパ人が、浪人の誰かが突然襲ってくるのではないかと恐れる必要はもはやなくなっていた。使節団の一行が一人の少女が武装した襲撃者を楽々とやっつける演技を見学した時、一人の日本人の将軍がバーティに向かって「あの少女のいくつかの技は昔のあなたたちにとても役に立ったことでしょう」と言った。彼はまた海軍兵学校で、専念して熱中している様子に感動を受けた。そのことは勿論個々の外国人に恐れられてきた攻撃性が今では外側の世界に向けられることは解りきっていることで、とにかく不吉なことであるとは彼は思っていなかった。

たとえ日本人が政府が望む方向に表面的に技量を一新したとしても、その大改革はまだすべての人々の気持ちに添うものには決して達していない。バーティは特に日本の社会の両極端のこのような姿を明らかにしている。インドの最下層の不可触賤民（アンタッチャブル）に相当する穢多の人々は、今もなお軽蔑されている。そして、制度は廃止されているが、大大名は今なお崇敬されている。ヨーロッパの手本に沿った普遍的な徴兵制度が導入されているので、この制度も穢多の人々に適用されているか、バーティは将軍に尋ねた。将軍は適用されていると答えた。そして彼らは階級ごとに同僚たちに受け入れられていると断言しているが、細部においては彼らと一緒に食事をすることを断る場合があることを認めねばならなかった。制度が廃止された後の大名たちやその家族たちは、今でも昔の一門の人々に崇敬されていた。バーティはこのような場面に遭遇した。ロシアとの戦いで軍功を挙げた英雄である東郷元帥や黒木将軍が、理論的には単なる十九歳の海軍士官候補生であるが、薩摩藩の後継者に会った。彼らに対する態度は完全なものであり、最も丁寧であった。彼に対する彼らの態度も全く同様であった。そのことから誰でも、島津という名前は今なお昔を思い出させる名前であると感じざるをえなかった。長くその状態は続くことだろう。一方、階級構造は中心で変わりつつあった。

バーティは古い軍人の階級ごとの数字を示して説明している。高い階級の貴族や侍は東京陸軍士官学校の士官候補生の中で今でも優位を占めているが、驚くほどすれすれの優位であった。彼らは約五十五パーセントで、残りは主に商人階級の出身であった。

バーティが日本を離れることは悲しいことであった。バーティは仲良くしてきた、東郷元帥や黒木将軍について「何か奇跡が起こらない限り、私は彼らの親切な顔を再び見ることはできないだろう」と語った。バーティはだんだん老いが進んでいることや彼には地球の反対側で彼自身の責任があることを弁えている。一行が「ゴッド・セイブ・ザ・キング」の旋律に合わせて横浜から出航する時の富士山の姿について彼の最後の描写、集まっている日本の高官たちの見送りの挨拶、海軍の大砲からの礼砲の轟きほど、感動させるものはない。いずれの言葉も心の底から出ているものである。

富士山が姿を見せてくれるのは、我々が日本に滞在していた間は本当に珍しいことであった。嫉妬して富士山は雪や雨のベールの背後に姿を隠してしまっていた。しかし今日は素晴らしい日だった。空には一片の雲も見られず、太陽が沈むと威厳のある山が威風堂々たる風格を示しながらそびえていて、厳粛な神秘性が情熱的な天に集まっている。富士山が我々の訪問を歓迎してくれている。富士山は我々が家路を急ぐように姿を現してくれたのだ。あの日の夜ほど印象的で、堂々たる姿は見たことがない。偉大な美しい山、世界中に比べられるものはない。

しかし我々は関連のない脚注を付ける必要がある。数年後バーティは彼の末娘ダフネを連れて国際展示会にやって来た。彼は一人の日本人の少年を見つけ、その少年に英語で話しかけた。ダフネによれば、その少年はバーティの言葉が理解できなかったという。

バーティは日本に帰って来なかった、なぜなら彼には彼自身の国でやらねばならないことがたくさんあったからだ。彼の庭園や樹木園はますます念入りに造られていった。彼は大変な費用をかけて小さな一つの池を造った。少し後になってから大専門家と思われていた一人の婦人を案内し、彼女の助言によって魚の池の位置を移動させた。

バーティは多くの時間を著作にも使った。第一次世界大戦の始まる前の数年間、彼は実際とても変わった作家であるヒューストン・ステュアート・チェンバレンに興味を持った。チェンバレンはドイツ語で文章を書いたイギリス人であった。彼は熱心なワーグナーの信奉者であって、ワーグナーの娘エヴァと結婚した。彼は軍人の家族の出身だったが、少年の頃身体が弱かったので、陸軍士官になるための学校を中途退学し、学校教育はフランスとドイツで受けた。彼はドイツにすっかり惚れ込んで、改宗するほどであった。彼は第一次世界大戦中にドイツの国籍を取得した。その後彼自身の国の人々は、彼を村八分として見るようになった。さらに悪いことに、彼はナチスを理論的に鼓舞する人物の一人であった。彼らはドイツ民族を賛美し、ユダヤ民族を迫害する気持ちを信じていた理論家たちの一人であった。今日の考えでは、民族主義者や反ユダヤ主義者が英国におけるよりもドイツにおいてチェンバレンを擁護していた。今日でも、彼に因んで名づけられたチェンバレン通りがバイロイトにある。しかし、もしそうでなかったら、彼はそこに行っていないことになる。

しかしながら、第一次世界大戦以前チェンバレンは名士であった。大変な異論があり決して学術的に尊敬されなかったが、ヨーロッパで最も有名な知識人の一人であった。彼はカント、ゲーテ、ワーグナーについての著作を書き、それらのすべてでかなりの名声を得ていた。しかし彼は、自身の歴史的哲学書である『十九世紀の基礎』(*The Foundatios of the Nineteenth Century*)で最もよく知られている。その本の英訳版にバーティが長い序文を書いている。それはチェンバレン自らの依頼であった。バーティはまたカントについてのチェンバレンの本の翻訳も行った。

『基礎』の考えを理解するには、すべての勇気ある仲間を想像してもらいたい。おそらく完全に少し酔いしれているが、確かに高い緊張感をもって、一晩中同情心や嫌悪心、偏見や洞察力を働かせて夜の空気に当たって動き回っているだろう。過去の偉大な名前の持ち主は大抵の人の記憶の中では朧気になっているが、感嘆されるか憎らしい躁病の生活をしている。時々びっくりさせるような明るさがあり、しばしば独白で議論をしたいという自暴自棄な欲望を述べ、聴き手は、彼の口の達者な友人が実際に調子を取り戻している主題について何を言わんとしているか解らなかった。歴史はとてもありそうに思えた。しかし、引用されている書物や華々しく展開されている知識は、哲学、政治学、古典、おそらく理論や正確さは少ないが科学の一つさえも等しくその能力を示すことができた。チェンバレンの主題はたまたまバーティの主題と同じく植物学であったが、実際にはバーティは植物学での学位は持っていなかった。

今日では、『基礎』をいやしくも読む人は反ユダヤの小節を省き、ゲルマンの長所を誇張している小節を見つけ出すためにおそらく素早くページを捲るだろう。チェンバレン自身の時代には人々は、ユダヤとかゲルマンとかを述べないで書かれている部分も含めて一冊の書物を全体として読んでいた。このことはバーティの意見を公平に判断する場合には覚えておかねばならない。チェンバレンは、文化はその民族の特性によって決まると信じていた。インド・ヨーロッパすなわち「アーリア語」に関係のある民族が世界で最も優れた民族であり、そしてこれらの民族の中でチュートン民族とゲルマン民族がより優位であると信じていた。この考え方はチュートン民族の文化を表しているゲルマン帝国が、それ自体の見解からだけでなく全般的な見解から、トップの国になるべきだとしている。ユダヤ民族に関しては本当に色々な条件を付けて、バランスを強く考慮して不満を示していた。ユダヤ人の思考習慣はチュートン人が罪の意識を持ちながら仕掛けることによって徐々に弱くなり、このことが彼らが世界中を利するように制御する可能性を台無しにするかもしれない、とバーティは思った。

これらすべてがナチの作家らに色々な資料を提供していた。そしてナチスによる犯罪に導く風潮に貢献していた。しかし『基礎』にはまた実際に設立されていたが、ヒトラーの組織はチェンバレンの考えを撥ねつけていただろうと思うことを示す多くの例も含まれている。そのいくつかの点で彼にはとても反チュートン的だと思われたことがあった。と言うのはチェンバレンが絶対主義を嘆かわしいと思っている文章がたくさんあったからである。彼にとって自由はチュートン人の特徴を表すものであり、彼の主な魅力の一つである。チェンバレンはローマ・カトリック教会や中世の神聖ローマ帝国に反対していた。なぜならば彼らは絶対主義者たちであり、彼もまた嘆かわしいと思っているが、後のローマ帝国の伝統を引き継いでいるからである。中世の歴史における普通のナチの傾向は教皇制度に反対する帝国側の立場をとることで、チェンバレンに対しても共に等しく望ましくないものである。「コンスタンティンから……ホーエンシュタウフェン家のフレデリック二世の在位の間はいずれの皇帝も弱みがあった、彼に譲歩を強要されない限り、個人的にも国家としても少しの自由も許さなかった」。「真の国家はいかなる種類の支配も甘受することはない」。チェンバレンはヨーロッパ諸国の形成の過程を知っている。ドイツの大英雄の一人であるルターによって導かれた宗教改革は、ゲルマン人の魂の高まりの一部である。ヒトラーは勿論のこと、チェンバレンが嘆き悲しんでいるまさにその意味で、「国家の絶対権」を進展させていった。チェンバレンは、彼の目にはユダヤ人ではないがキリストの姿に深く敬意を抱いていた。そして、チェンバレンは修正キリスト教がゲルマン民族の宗教的特性を遂に表現して、ローマの旧約聖書の伝承によって現在までに挫折することを望んでいた。チェンバレンは、ギリシャの都市国家は国家を家族の前に置いていたから滅び、一方ローマ共和国は家族をもとにして国家を築いてきたから永続性があると考えた。チェンバレンは売春宿と孤児院と組み合わせたようなレーベンスボルン〔ナチスのスローガン〕という制度を作って、その中で人種的に承認された人々の子どもだけを集中養育所で育てるというナチスの制度に恐れを抱いていた。チェンバレンはまたゴルトンの優生学理論に反対していた。ダーウィンも同様に嫌っていた。初期のローマ法は家族を高貴なものとしていたが、「古代ギリシャ文化の美術と同じように無比の存在であった」と彼は言っていた。今の馬鹿げたドイツ異常狂信者もこの点では変わらない。

「馬鹿げたドイツ異常狂信者」は、チェンバレンが次に何を述べるか預言できない人々である。旧約聖書を引き合いにすると「貴族の類似物であり、いっそう議論好きで復讐心に燃えているユダヤ人の類似物だ」と言っている。ユダヤ人を貴族と呼ぶことは、感じがよくない特性との結びつきから、不適切な反ユダヤ人気質とは言えない。

我々は『基礎』にこれ以上触れないことにするが、バーティや彼と同時代の人々の多くがこの作品をどれ程評価しているかを記すのは必要だと思う。『基礎』は偉大な著書と呼ぶには意見が分かれる上に少し厳しいが、確かに印象的である。このことはバーティに対して訴えている点である。小説家のエドモンド・ゴスはバーティの人生の終末の頃の友人であり、助言者であった。彼はバーティの没後に発刊された『続回想録』の序文を書いている。「おそらくリーズデイル卿について最も目立った事実は彼の性格の有り余る精力であり、顕微鏡で見た時の一滴の池の水のように生気が充ち満ちていた。彼はまさに生命が尽きるまで知的な刺激に応じていた」。

さらにこの著書に述べられている信念は、その当時は衝撃を与えるようには思われなかった。ゲルマン族、チュートン族あるいは北欧族を称賛することはかなり一般的であった。アメリカ合衆国への移住者の人数は北ヨーロッパに強く偏っていたが、誰もこのことを異常とは思わなかった。同じことは幅広い「アーリアン・グループ」でも言えることであった。チェンバレンの基本的な態度は、第二次世界大戦まで拡大し続けた。チベットについて尊敬される専門家であるL・オースティン・ウォデルは『チベットやラマ教の仏教』（一九三九年）の序文の中で、より純粋なイングランド人が属しているアーリア民族について述べている。そしてこの民族がより高度な宗教を含め世界文明の創始者であり、主要な普及をさせた中心的な民族であると主張している。ユダヤ人に対して嫌悪感を表明することは許されることであり、異常なことではなかった。アーサー・バルフォア自身は彼のバルフォア宣言がイスラエルの樹立まで促進するのであるが、彼の伝記作家ケネス・ヤングの『バルフォア』(*Balfour*)(二五七頁)にはバイロイトを訪ね、彼女がユダヤ人の気質に感情を傷つけられていた時にコジマ・ワグナーと同じ意見であったことが記されている。

『基礎』の序文の中で、バーティはチェンバレンのユダヤ人、特にアシュケナジム(中部・東部ヨーロッパのユダヤ人)に対する態度に異論を述べている。多くの反ユダヤ主義者と同じく、チェンバレンはサファーデイム(スペイン・ポルトガル系ユダヤ人)に対して特別の愛情を抱いていた。バーティの遠慮は確かに我々現代の人間の気持ちを満足させるにはとても熟考されており、ヒトラー時代以来の反ユダヤ主義者を意見不一致者としてではなく、恐怖の対象と見なすことに慣れさせられている。それにもかかわらず、彼らは今も存在している。

アシュケナジムに対して……チェンバレンは理に適っていないと私には思える……彼らは生まれながらの財産家であり、金銭の取得は彼らの独特の才能であった。しかし彼らが築き上げてきた財産はふんだんに与えられてきたものである。ヨーロッパの大都市での慈善行為は、もしユダヤ人の援助が手を引いてしまえば、悲しい苦境に陥るだろう。実際多くの崇高な基金はその存在を彼らに負っている。政治的にもユダヤ人は大きな奉仕事業を果たしてきている……

バーティはチェンバレン自身と同じく民族を歴史の根底として考えている。しかし、彼はユダヤの影響を追放したゲルマン民族ではなく、ゲルマン民族とユダヤ民族の協調体によって将来が決定されると考えているように思う。彼は明らかに彼らの民族意識によってユダヤ民族を称賛している。彼はディズレイリに会ってきたばかりのユダヤ人の友達に偶然に「あなたは何について話し合ったのですか」と尋ねると、「ああ、普通のこと……民族について」と相手は答えた。

ディズレイリは勿論バーティにとっては恩人であると共に偉大な英雄の一人であった。バーティはキリスト教へのユダヤの影響を嫌っている点でチェンバレンと意見を全く同じくしていて、もしローマがエルサレムを攻略していなかったら、思想や信念のすべての自由は地上から消滅してしまっていただろうと言う彼の言葉に賛同して、その言葉を引用した。ユダヤ人が旧約聖書を独自に解釈しているように、バーティに対してチェンバレンは彼独自の歴史的解釈であると弁明している。このことでバーティの考えが今では少なからず多くの面で時代遅れになっていた。この特別な傾向がナチスによって疎んじられているだけでなく、北ヨーロッパの国民は一般的に非常に裕福であったので、特権が少ない民族でも許せる程度に民族的な利己主義的な行為によってこの繁栄を強化することは彼らにはいくらか公正でない、と朧気ながら感じていたためだろう。彼らの勢力の衰えが彼ら自身により一般的に明らかになるにつれて、この風習は変化していく。

第9章　老後と死

おそらくバーティはチェンバレンを介してワグナー一家を知るようになった。バーティはその当時実際にはこの作曲家の息子ジークフリートによって運営されていたバイロイト音楽祭に数回出席していた。バーティの晩年ジークフリートは、バーティの写真を自身の机の上に置いていたと聞いている。バーティは度々一家の家であるハウス・ヴァンフリートを訪ねていた。その家にはコジマ・ワグナーが今でも住まっていた。バーティはワグナーの音楽を高く称賛していた。彼は彼自身が音楽であった。そしてまたワグナーは壮大なことが好きであった。バーティはワグナーの円熟な点を表現している音楽ドラマはオペラではなく、もっと高度なものであると主張していた。「ワグナーは偉大な魔術師であり、人々を彼が望む場所に移動させることができた。台本、音楽、舞台装置、舞台監督、頭で考えられる創造物のすべてを……彼は素晴らしい能力を何と巧みに使うのだろう！　それらのすべての力を感じ取るためにはバイロイトに行かなければならない。そこには指導者、歌手、オーケストラ、そして最後に、少なからぬ聴衆が……すべて調和がとれていた」。

この様子はバーティの最後の「一九一二年のバイロイト音楽祭」への訪問についての愛情のこもった描写である。彼はハウス・ヴァンフリートについて次のように書いている。「ヴァンフリートではすべてがワグナーについてあなたに話しかけている。デザインは彼によるものであった。見事に釣り合いのとれた部屋が作られ、彼によって調整されていた。細部に至るまですべてが弛みない注意と愛情のこもった見地から考え出されていた。芸術作品、小間物類すべてが彼らの物語を語っている」。バーティの孫たちのトム、ダイアナ、ユニティ、そしてその後のダイアナの息子たちのジョナサン、アレクサンダー、マックスは彼らがその地を訪れた時、ヴァンフリートは外見的には何の変化もなかった。その頃にはコジマは亡くなっており、女主人はジークフリートの未亡人ウィニフリッドであった。

一九一〇年までにはバーティの散財が悪い結果をもたらした。彼の行った主な行動は、彼の父の行動と同じであった。これはずっと以前のことであったが、彼はエクスベリーの家を賃貸に出した。彼はバッツフォードの借地人ウィリアム・ネルソンを見つけ出した。彼は家族と一緒に移転してきた。バーティは家族と共にロンドンに引っ越した。その家はポント・ストリート・スタイルの大きなヴィクトリア様式の家で、ケンジントン・コートとケンジントン・ハイストリートの角にある、赤いテラコッタの飾りのあるキラキラと輝く大きなヴィクトリア様式の家に引っ越してきた。その家は外面的には変更されることもなく、今でもマイル・ストーン・ホテルの主要部になっている。

彼の大好きな庭園の世話がなくなり、バーティは今ではますます一層酷くなってきている難聴のために、人と接するのが困難になっており、追いやられてきた業務である執筆作業に専念していた。『竹の園』は一九〇八年に既に出版され、いくつかの随筆を集めた『石の悲劇』は一九一二年に出版された。一九一三年にはバーティの序文を付けた『十九世紀の基礎』の英訳本が出版された。一九一四年にはチェンバレンのカントについての書物のバーティによる翻訳本が出版された。さらに一九一五年に『日本昔話』以降で飛び離れて大変な成功を収めた作品である二冊本の『回想録』が出版された。デッカはこの『回想録』をうんざりすると述べていたが（『ホンズ・アンド・レベルズ』）、しかし出版された当初同書は人気があった。エドマンド・ゴスは同書を「最近の最も成功した自叙伝の一冊」と呼んでいた。確かにバーティについて説明の中心的な資料である。デッカは十八歳の時に駆け落ちをした。だから彼女がこの書物を見たのはせいぜい十八歳になったばかりの頃だろう。彼女自身の書物を記す目的も念頭に置いておかねばならない。それは保守的な家庭のつまらないものを足から振るい落そうとしている、熱心な理想家として若者の一面を見せようとしているところを忘れてはいけない。確かに『回想録』にはいくつかの欠点がある。文脈が勝手気ままな組み立てであるため、文章が本論からしばしば脱線する傾向があった。人々についてのバーティの説明には鋭さを欠く点があり――幸運にもいつもではないが――しばしば人をいらいらさせることがあった。それは偉大な人物の場合には自己による論理的分析を欠いているために、媚びへつらいと思われるほどになっていた。これらの傾向はバーティの時代には存在していたが、親密さを書かないことによって、述べられている人物をより申し分のないものにしている。この点において一家の人々の特徴を示していると思う。なぜならこのことが二世代後のミットフォード家の人々のすべての文学作品に大挙して現れているからである。しかし『回想録』は今日でも広く読まれている。そしてなぜ七十年も以前の教養人たちの興味を引きつける内容がたくさんあったのかの理由は容易に解る。この書物には彼らを楽しませたであろう物語が満載されていたからである。バーティが個人的に知っていて、その人々のことを述べた有名人たちは当時の読者と同時代であった。勿論その中のある人々は他の人々よりも記憶は薄れていただろう。カーライルの評判はその当時高かったが、今では消失している。一方バートンへの関心は大変大きいままである。ガリバルディについては彼の伝説では実際の人物像や言動は曖昧になってきているが、バーティの説明は状況や人物像についても的確であった。一八四〇年代のイートン校、一八五〇年代のオックスフォード大学、一八六〇年代のロシアと中国と日本の革命、ハリウッドができる以前の荒野の西部、そして勿論ヴィクトリア女王の治世の数十年以上のロンドンの様子が甦った。

しかし、やがて戦争が始まった。すべての階級の多くの人々と同じようにバーティも戦争を歓迎していたが、とにかく重苦しい必然性から戦争を受け入れていた。

一九一四年八月頃のドイツに対するバーティの態度は、一九一二年の頃の彼の立場と彼の死後に発刊された『続回想録』に書かれているように、一九一六年のバーティの最晩年の頃の彼の立場との中間にあったように思われる。一九一二年の頃のバイロイトでの魅力的な集まりを称賛するバーティの気持ちは、ドイツ人の愛国的な態度を知った後でも少しも失われていなかった。このことはかなり明白であったに違いない。バイロイトはこのような気持ちを有している人々の中心地であった。そしてワグナー家の人々すべてがこの気持ちを抱いていた。一九一六年におそらく、主に毒ガスのことを考えたり、戦時中の新聞の影響を確かに受けたりしながら記事を書いている。「ドイツ人の全く極悪非道な気持ちは、これらの恐ろしい新発見を生み出す潜在的なものに影響を受けて、さらに新しい残酷な行為や、新しい犯罪へと駆り立てられていったように思える」（『続回想録』七九頁）。バーティは一八七〇年頃［のドイツ人］はどのようにすれば危害を加えないで済ませられるかを知っていたと強調している。

バーティは道義的には英国はベルギーの援助に向かうべきであること、またドイツは現状のままに「踏み留まら」なくてはならないと思っていた。このことは『回想録』の外交的意見を述べた部分に頻発する主張である。しかしバーティはドイツ人が極悪非道の心を持っていると考えるようになっていただろうか。おそらくバーティは実際にはそのような心境にはなっていなかっただろう。いずれにしても、一九一二年のバイロイト音楽祭の説明に前もって個人的に「概要」と書いているほどなのだから。『回想録』の下巻では一字の変更も加えないで引用している。バーティの最近生まれたばかりの孫娘ユニティの二番目の呼び名にヴァルキリーを提案したバーティの行動は、ワグナーのいる国に対して「正義の戦争」が開始されたことを祝福すると共に、芸術家の中で最も素晴らしいドイツ人のワグナーに対する敬意を仄めかすためのものであった。ナンシーはバーティがこの名前を選んだ本当の理由の一つは、確かにヴァルキリーは元々スカンディナヴィア語で、ドイツ語ではないという理由を述べて弁明している。このことはこの名前を用いてもワグナー信奉者としての態度を傷つけることはない。

しかしバーティはヒューストン・ステュアート・チェンバレンや彼に関連することはどんなことでも二度と述べることはなかった。東京〔の大学〕で日本語の教授をしていた彼の弟について〔の項〕も『回想録』の中の「バイロイト　１９１２」の説明から削除されている。それはあたかも『基礎』がバーティにとって「取るに足らない喜びで、数か月間の仲間でしかなかった」としても、またそれが「一人の教育者ができる一番高度の役割をバーティに果たさせなかったとしても、物事の考え方に目覚めさせ、それを新しい方向にさせる役割」であった。これは本当にバーティにいくらかでも光を点してもらいたかったと思っている問題である。バーティはチェンバレンを裏切り者として拒絶した。それは明らかである。もしあるならば、どの程度までバーティはチェンバレンの考えに対応することを辞めるだろうか？

確かにバーティの同情の気持ちと彼の信条とが共にすぐに戦争賛成に向かっていた。彼はこれらの二者を区別することはできなかっただろう。英国は参戦した。そして英国には道理があった。元外交官としての彼に対して、彼にとって国際協定はまさに存在の根拠であった。英国は一枚の切り抜きのために戦争に参加するべきだ、というベートマン＝ホルヴェーク〔当時のドイツ首相〕による広く報道されている不意打ちの言葉は〔バーティを〕特に不快にさせていた。二十世紀前半のドイツの失敗の理由の一つは明らかに、不思議の国のアリスの言葉を借りれば、英国や米国の海象対策に大工を呼ぶようなもので、それはただ事実を隠すために成功を確約する条件で、目的のためには手段を選ばずのマキャヴェリ方式を行う傾向になっているように思える。現実政策の理論を信じることは、成功を収める行為としては不適格である。その当時いずれの場合でも、バーティのような年長の世事に通じた人々は本当に完全無欠のものを正しいと信じていて、人の言葉の絶対的な尊厳さや、いかなる不誠実や不正も絶対に悪いことだと信じていた。信条が絶対的なものでないだけでなく、国家や階級の利害の示威運動に過ぎないヘーゲルやマルクスの理論はまだ衰えていない。

バーティの五人の息子たちは全員当初から参戦していた。これは彼と同じような家族にとっては当然のことであった。彼らは徴集兵ではなかった。クレメントは第十軽騎兵の一員になっており、トミーも海軍に入隊していた。デイヴィッドもボア戦争で片肺を失っていたにもかかわらず、ノーサンバーランド州の歩兵連隊に参加していた。ジャックは近衛騎兵隊に加わり、十九歳のルパートは海軍に入隊していた。この家族は統計的に見ると、家族の中の一人だけが戦死したので、どちらかと言えば幸運であった。第一次世界大戦では一家の男子が全員亡くなっていることがしばしばあった。明らかに一番リスクのあったのは若い士官たちであった。不運にもその犠牲者は愛されていたクレメントで、その彼にバーティは一家の将来の夢を懸けていた。クレメントは一九一五年五月十三日に戦死した。クレメントは決して彼の父親のお気に入りではなかった。その外観はどう見ても、愉快なろくでなしの男であった。しかし彼には軍人としての特質があり、バーティの息子たちの中でも一番尊敬できる素質があったのがクレメントであった。彼が戦死したことは残酷であった。そしておそらく、彼が少し前に殊勲賞を授けられて、両親にとって言葉に表せないほどの誇りと喜びを味わったばかりであったので、特にそうであった。クレメントの未亡人には五歳になる一人の娘ローズマリーがあり、さらにもう一人の子どもが生まれることになっていた、そしてその子が男児であったら、バーティの称号を継承する後継者になっていただろう。また女児クレメンタインが生まれた結果、その称号の相続者はデイヴィッドになった。このことはバーティにとっては嬉しいことではなかった。パムはバーティとシドニーがクレメントの戦死の知らせを聞いた時、人目もはばからずに声を出して泣いていた。パムは大人が泣いている姿を見たのは初めてであった。

クレメントの死後、バーティはバッツフォードに戻ることを望んだ。ウィリアム・ネルソン卿はその頃には男爵家を創立（一九一二年）していたので難事は何もなかった。その屋敷の賃貸契約の同意を得るのは早すぎるほどだった。その屋敷の一部だけが使用に戻され、大部分はデイヴィッドが五年後に売却するまで防塵シートに覆われたままであった。

バーティは今や七十八歳になり難聴の程度がとてもひどくなっていたが、翌年死去するまであらゆる活動を続けていた。老衰の形跡もなく、動作が鈍くなっている様子もなかった。彼の親友エドモンド・ゴスは『続回想録』（一九一〇年）の序文の中で、当時の彼について印象的な説明をしている。「彼の息子の死後もきわめて強い活力を持ち、彼の心に対する打撃をものともせず、歯を食いしばり頑張っているようであった」。彼は七月まで『回想録』の改訂作業を続け、そして、その後バッツフォードに戻る実際の作業はクレメンタインに任せて、王立ヨットクラブで生活するためにカウズに出掛けた。

カウズは滞在するには適さなかった。戦時中であったので、帆船は一隻もなかった。クラブ自体にも住人は彼の他に一人しかいなかった。その彼すらしばらくするとクラブを去ってしまい、バーティは完全に一人になった。もちろんその場所は人々が押しかける場所であった。バーティはニーチェを読み始めた。平時であれば、熱中することができず、ゴス宛ての手紙に次のように書いた。「ニーチェの文章にはあちこちに宝石のような考え方を見出せるが、それらを理解しようとすると、まるで青い泥の沼地のようになってしまい、全く理解できなくなってしまう」。ニーチェに対して実際に異議があるのでなくて、彼の論理の退屈な展開はバーティの感情というより彼の信念に対しての興味ある指南役になっている。彼の献身的な妻がニーチェの文章を読んでいたら、キリスト教の大いなる敵に対して今まで以上に激しく反応していただろうことは確かである。概してバーティはカウズにいることに退屈していた。それでバーティはゴスにこちらに来て自身と一緒に滞在してくれるように懇願した。『回想録』(改訂版の草稿)が遂に出版社に渡されたので、おしゃべりだけでなく、これから何を書いたらよいかを助言してくれるように懇願した。「今ではすっかり鈍くなっているので、あなたに私の機知を鋭くしてほしい」。ゴスは到着して晴れた八月の数日間をバーティと過ごし、籐椅子に座って、ソウラント海峡で唯一見られる冴えない色の軍艦を眺めたり、徒歩やボートで小旅行に出かけていた。バーティは耳が聞こえないにもかかわらず相変わらず元気であり、「絵に描いたような水夫服を着て、しゃれたキャップの下から美しい銀色の髪をなびかせていた」。バーティはゴスから七十九歳になっている上に今までに充分な仕事をしてきたので、品位ある引退をして、身を落ち着かせてもよいのではと仄めかされることにいらいらしていた。この助言の内容がバーティが一番気にしていたことであった。バーティはもはや実行できないことが多くあったけれども、執筆だけはまだ可能であった。ゴスは作家であった。ゴスに何を助言することができただろうか。どんな結論もカウズでは出なかった。このことについての話し合いは文通によって続けられた。バーティが考えていたいくつかの計画は相応しくないと彼はややはっきりと拒絶していた、特に女帝マリア・テレサの研究について。バーティは実際マリア・テレサとヴィクトリア女王との比較をするエッセイを書いていた。ただ、なぜゴスが長編の研究は相応しくないかの理由は明らかにしていない。しかしおそらく彼はこの作業はあまりにも多くの労力を必要とすると思ったからだろう。遂にゴスはバーティが抱いているある考えを提案した。ゴスはバッツフォードに戻っているバーティに「一般的な色々なことについての数編のエッセイを一冊にまとめて、自生の竹林の庭園や奥まった林の中の仏像についての話を一緒にするように助言した。バーティは、庭園の小高い場所にあるテラスの机の前に友人と座り、エメラルドの糸のように色々な思い出や追想、回顧談に思いを巡らせている姿を想像していた」。我々にとってはその考えはややよくないように思えた。純文学者の中身のない言葉で、助けにするにはあまりにも冷酷に思えるが、その当時は現在より高く評価されていた。そしてこのような特別な作家に対する助言としては全く正しいものであった。ゴスはこのような助言をすることによって大変素晴らしい敏感な友人であることを明らかにした。なぜならば庭園作業は確かにバーティの一番恒久的な楽しみであって、庭園作業を行うことによって昔を懐かしみ、色々なことに思いを巡らすことができたからだ。彼が思いついたことを多少とも紙に書きつけることは老人にとってはその結果が実際はいかなるものであっても、少なくとも趣味に合った仕事であった。出来上がったものはある程度良好であった。『続回想録』は不揃いであったが、しかしなかなか立派なものであった。

やがてバーティはバッツフォードに戻り、デイヴィッドや若い家族を領地の家に招いた。デイヴィッドは相続人であった上に、彼が引き継ぐべき任務についての諸々のことを学ばねばならなかった。しかし、勿論彼はしばらくの間まだ陸軍に在籍中であった。バーティは充分に長生きをしたし、息子にその任務の秘決を伝授する充分な期間があった。パーティは高齢ではあったが元気があり、難聴が唯一の身体障害であった。しかし一九一六年六月に釣りに出かけ、濡れた芝の上に寝ている時に発熱性の風邪に罹った。バーティは色々な会議に出席するためにロンドン行きを強行し、その結果病病状が悪化した。バッツフォードに帰ったが肺炎を発症し、治らなかった。彼は八月十七日に死去し、その結果クレメンタインはノーサンバーランドのリーズデイル別荘に移った。その地で彼女は健康を取り戻した。彼女は一九三二年まで生存し、子どもたちは彼女の円熟した温厚な老年の姿を愛していた。

資料（系図1～3）

系図1

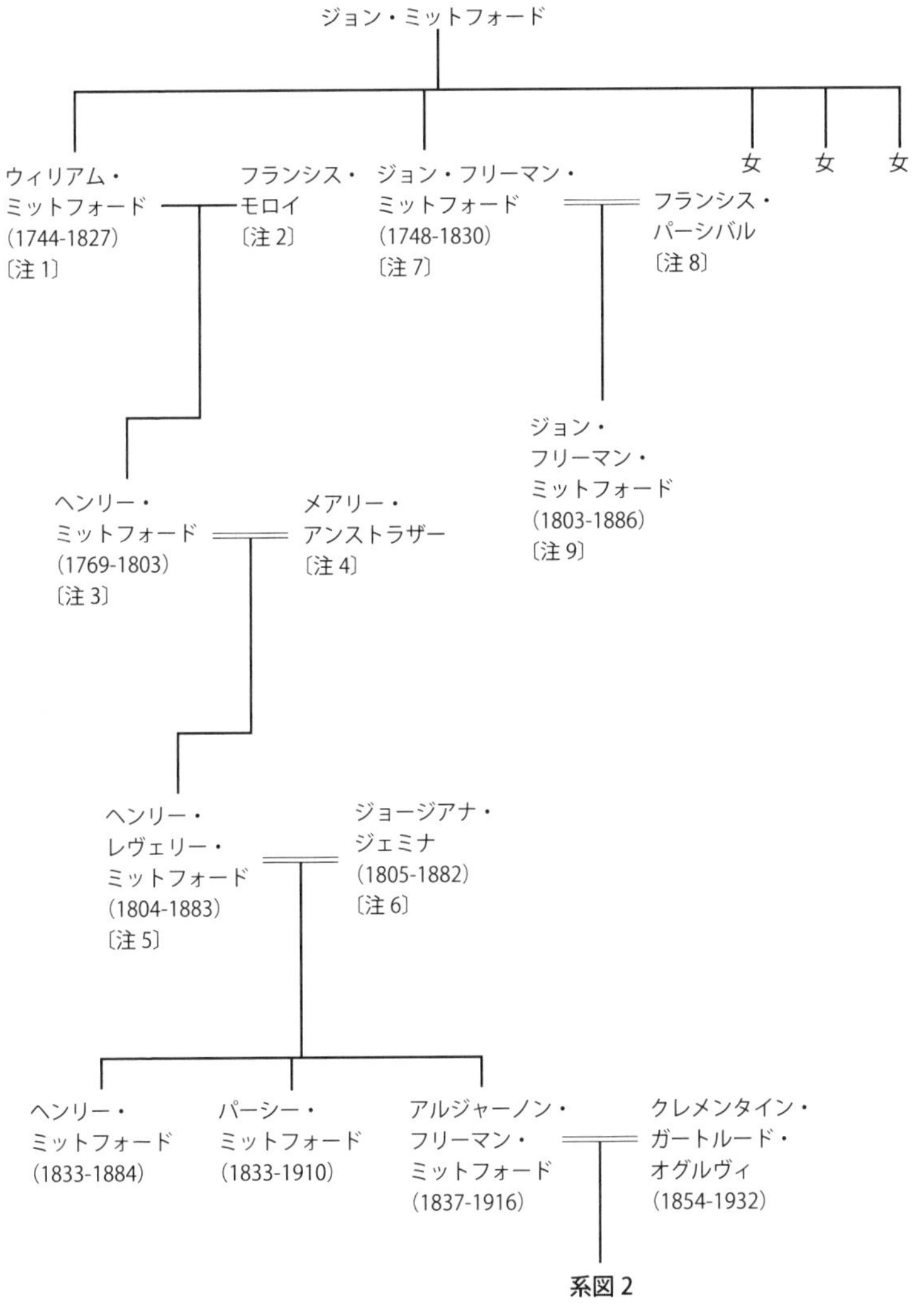
ジョン・ミットフォード
ウィリアム・ミットフォード（1744-1827）〔注1〕
フランシス・モロイ〔注2〕
ジョン・フリーマン・ミットフォード（1748-1830）〔注7〕
フランシス・パーシバル〔注8〕
女
女
女
ヘンリー・ミットフォード（1769-1803）〔注3〕
メアリー・アンストラザー〔注4〕
ジョン・フリーマン・ミットフォード（1803-1886）〔注9〕
ヘンリー・レヴェリー・ミットフォード（1804-1883）〔注5〕
ジョージアナ・ジェミナ（1805-1882）〔注6〕
ヘンリー・ミットフォード（1833-1884）
パーシー・ミットフォード（1833-1910）
アルジャーノン・フリーマン・ミットフォード（1837-1916）
クレメンタイン・ガートルード・オグルヴィ（1854-1932）
系図2

系図 2

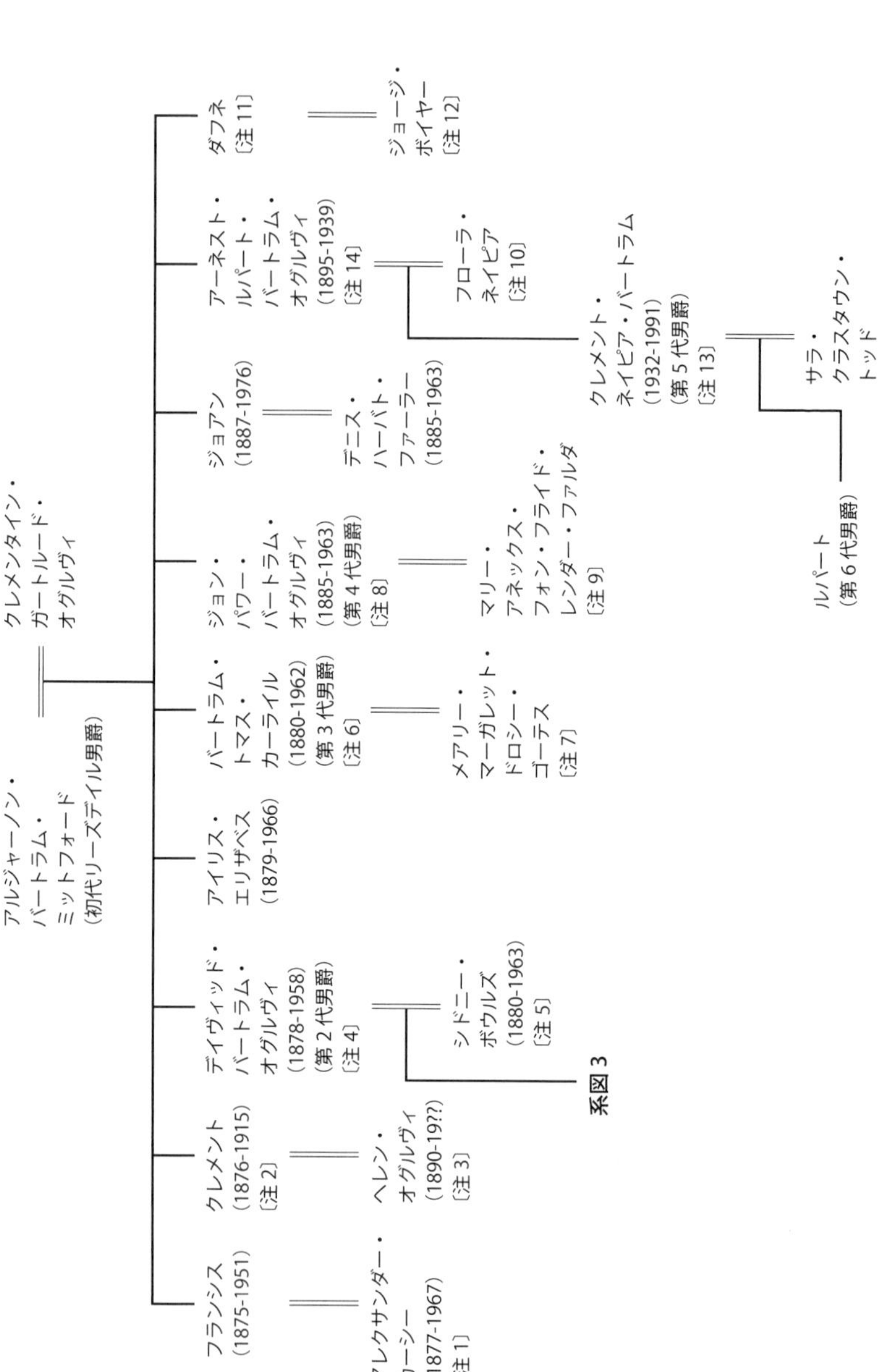
アルジャーノン・バートラム・ミットフォード（初代リーズデイル男爵）
クレメンタイン・ガートルード・オグルヴィ
ダフネ〔注 11〕
ジョージ・ボイヤー〔注 12〕
アーネスト・ルパート・バートラム・オグルヴィ（1895-1939）〔注 14〕
フローラ・ネイピア〔注 10〕
クレメント・ネイピア・バートラム（1932-1991）（第 5 代男爵）〔注 13〕
サラ・クラスタウン・トッド
ルパート（第 6 代男爵）
ジョアン（1887-1976）
デニス・ハーバト・ファーラー（1885-1963）
ジョン・パワー・バートラム・オグルヴィ（1885-1963）（第 4 代男爵）〔注 8〕
マリー・アネックス・フォン・フライド・レンダー・ファルダ〔注 9〕
バートラム・トマス・カーライル（1880-1962）（第 3 代男爵）〔注 6〕
メアリー・マーガレット・ドロシー・ゴーテス〔注 7〕
アイリス・エリザベス（1879-1966）
デイヴィッド・バートラム・オグルヴィ（1878-1958）（第 2 代男爵）〔注 4〕
シドニー・ボウルズ（1880-1963）〔注 5〕
系図 3
クレメント（1876-1915）〔注 2〕
ヘレン・オグルヴィ（1890-19??）〔注 3〕
フランシス（1875-1951）
アレクサンダー・カーシー（1877-1967）〔注 1〕

系図3

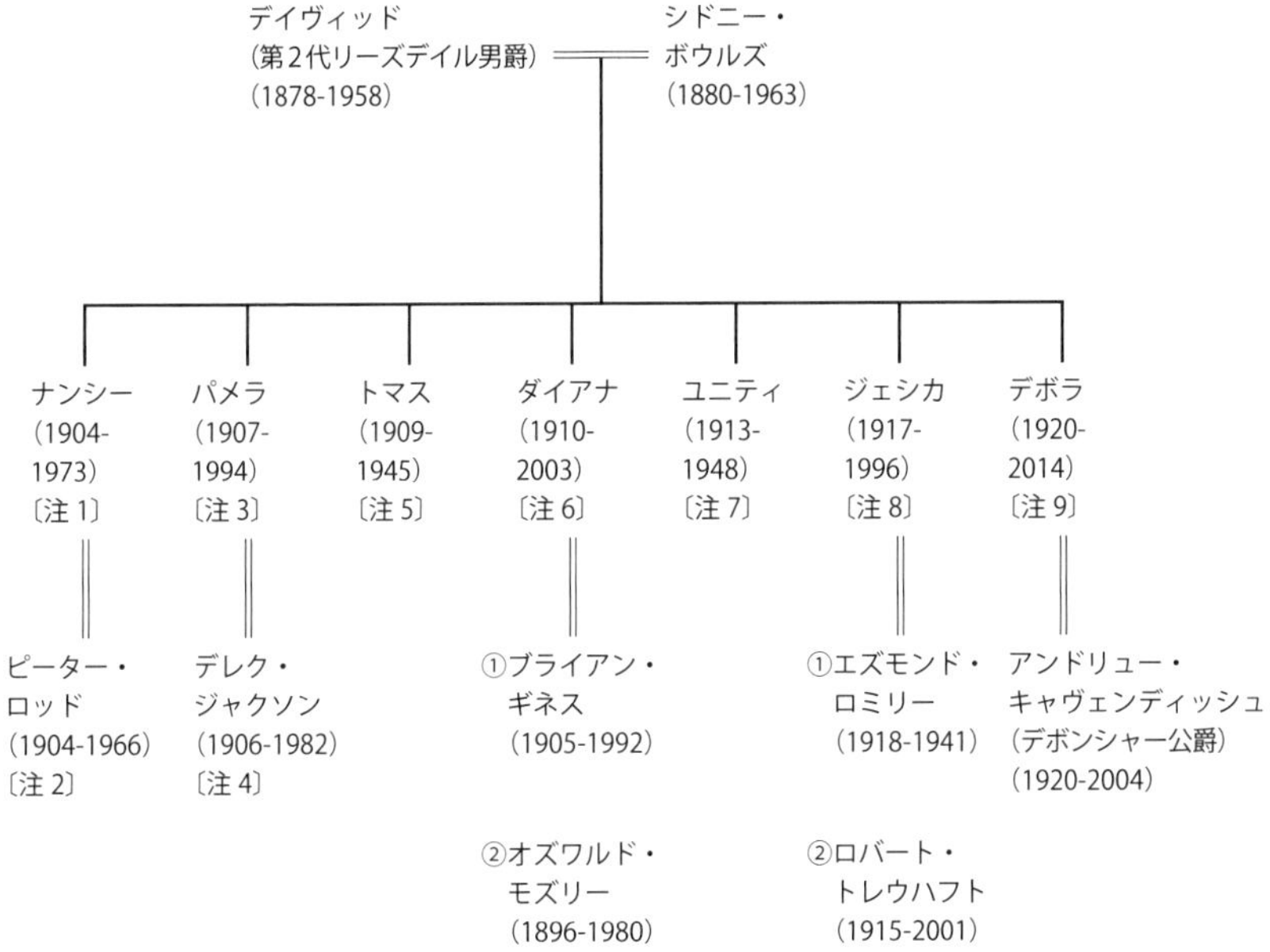
デイヴィッド
（第2代リーズデイル男爵）
（1878-1958）
シドニー・
ボウルズ
（1880-1963）
ナンシー
（1904-
1973）
〔注1〕
パメラ
（1907-
1994）
〔注3〕
トマス
（1909-
1945）
〔注5〕
ダイアナ
（1910-
2003）
〔注6〕
ユニティ
（1913-
1948）
〔注7〕
ジェシカ
（1917-
1996）
〔注8〕
デボラ
（1920-
2014）
〔注9〕
ピーター・
ロッド
（1904-1966）
〔注2〕
デレク・
ジャクソン
（1906-1982）
〔注4〕
①ブライアン・
ギネス
（1905-1992）
②オズワルド・
モズリー
（1896-1980）
①エズモンド・
ロミリー
（1918-1941）
②ロバート・
トレウハフト
（1915-2001）
アンドリュー・
キャヴェンディッシュ
（デボンシャー公爵）
（1920-2004）

系図 1 の注

〔1〕 歴史学者で『ギリシャ史』の著者、法廷弁護人、政治家、上院議員。
〔2〕 貴族、ジェイムズ・モロイ・オブ・ダブリスの娘。
〔3〕 英国海軍の戦艦ヨーク号艦長、霧の北海で 491 人の艦員と運命を共にする。
〔4〕 夫の死後、男子を出産（ヘンリー）。
〔5〕 祖父ウィリアムに引き取られる。弁護士、下院議員。
〔6〕 ジョージアナ・ジェミナ・アッシュバーナム、第 3 代アッシュバーナム伯爵の娘。
〔7〕 下院議長、法務長官、アイルランド大法官。歴史学者ウィリアムの弟。第 1 期初代リーズデイル男爵。
〔8〕 エグモント伯爵の娘。
〔9〕 第 1 期第 2 代リーズデイル男爵、初代リーズデイル伯爵、上院議長。死亡に伴い独身のため爵位消滅、遺産は A・B・ミットフォードに遺贈（1886 年）。

系図 2 の注

〔1〕 英国海軍将校。殊勲賞、大英国勲章を受ける。第 2 次ボア戦争、第 1 次世界大戦で従軍。
〔2〕 第 10 軽騎兵、ビルマで戦死。殊勲賞を受ける。
〔3〕 エアリー伯爵の娘。
〔4〕 第 2 代リーズデイル男爵。第 2 次世界大戦で従軍、陸軍少佐。
〔5〕 トマス・ギブソン・ボウルズ国会議員の娘。
〔6〕 第 3 代リーズデイル男爵、英国海軍将校、殊勲賞を受ける。
〔7〕 バークの年鑑他で確認するも不明、結婚は 1925 年（? -1967）。
〔8〕 第 4 代リーズデイル男爵。
〔9〕 ドイツの炭鉱王の娘。
〔10〕 ゲラルド・タルボット・ネイピア司令官の娘。
〔11〕 レディ・デナム。
〔12〕 デナム男爵。保守党議員。
〔13〕 第5代リーズデイル男爵（在位1963-1991）。チェース・マンハッタン銀行副頭取、上院議員。

系図 3 の注

〔1〕 小説家、伝記作家、『愛の追跡』（1945 年）、『北国の恋』（1949 年）の著者。
〔2〕 貴族、陸軍軍人、映画監督。1933 年ナンシーと結婚、1957 年離婚。
〔3〕 1936 年ジャクソンと結婚、1951 年離婚。
〔4〕 原子物理学者、分光学者、大英帝国 4 等勲士、英国学士院会員。空軍十字賞を受ける。
〔5〕 第 10 軽騎兵、36 歳で第 2 次世界大戦ビルマにて戦死。DSO 勲章を受ける。
〔6〕 作家、18 歳でブライアン・ギネスと結婚、1930 年ジョナサン・ギネス誕生、1933 年離婚、1936 年オズワルト・モズリーと再婚。フランス移住。
〔7〕 未婚で死亡、ヒトラーを信奉。
〔8〕 作家、コミュニスト、『アメリカ式の死に方』（1963 年）の著者。19 歳でウィンストン・チャーチルの甥のエズモンド・ロミリーとスペインに駆け落ちをするが、エズモンドは失踪し、1943 年公民権運動の活動家ロバート・トレウハフトと再婚。
〔9〕 公爵夫人、由緒ある豪華な邸宅を再興し、英国有数の 1 つにした。 アンドリュー・キャヴェンディッシュと結婚、第 11 代デヴォンシャー公爵、チャッツハウス夫人。

【著者】
ジョナサン・ブライアン・ギネス（第三代モイン男爵）
一九三〇年三月十六日生。英国の貴族、実業家。ギネス一家の一員。イートン校、オックスフォード大学卒。第二代モイン男爵と最初の妻ダイアナ・ミットフォードの長男。若い頃にジャーナリスト、レオポルト・ジョゼフの銀行家を務める。マンディ・クラブ会員、マンディ・クラブの副議長（一九九〇年）。ギネス醸造会社役員（一九六〇－一九八八）。実業家、銀行家。

キャサリン・イングリッド・ギネス（キャサリン・チャタリス、ニードパス伯爵夫人（一九八三－一九八八）、キャサリン・ヘスケス（一九九〇－二〇〇四））
一九五二年六月一日生。英国貴族、作家、社交家、実業家。ギネス一家の一員。若い頃に父親の親友で有名な芸術家、雑誌編集者のアンディ・ウォーホールの個人秘書としてニューヨークで活躍。

【訳者】**大西俊男**（おおにし・としお）
昭和八（一九三三）年生。三重県伊勢市出身。国立三重大学学芸学部（現教育学部）卒業。鳥羽商船高等専門学校名誉教授（一九九七－）、三重県内の高校・元三重大学教員。全国高専英語教育学会会長（第五代）のち同会顧問（一九九五－）。著書に『ミットフォードと釈尊――イギリス人外交官の見た理想郷日本』（春風社、二〇一七年）、『A・B・ミットフォード』（近代文芸社、一九九三年）がある。日本英学史学会会員。

ミットフォードとギネス一族《いちぞく》の御曹司《おんぞうし》

二〇二三年一〇月二五日　初版発行

著者　ジョナサン・ギネス　キャサリン・ギネス
訳者　大西俊男《おおにしとしお》

発行者　三浦衛
発行所　春風社　*Shumpusha Publishing Co.,Ltd.*
横浜市西区紅葉ヶ丘五三　横浜市教育会館三階
〈電話〉〇四五・二六一・三一六八　〈FAX〉〇四五・二六一・三一六九
〈振替〉〇〇二〇〇・一・三七五二四
http://www.shumpu.com　✉ info@shumpu.com

装丁　長田年伸
印刷・製本　シナノ書籍印刷株式会社

ISBN 978-4-86110-818-1 C0023 ¥3300E